JN081914

自己肯定感の第一人者／心理カウンセラー
中島 輝
Nakashima Teru

自己肯定感 diary
運命を変える日記

運命は100%習慣で変わる

人々が毎日行う行動の40%以上は、無意識の習慣によるものだといいます。
だとしたら、習慣を変えれば行動が変わるというわけです。
人は新しい習慣を、何も考えなくても実行できるようになるまでに、
平均66日かかるそうです。つまり継続が習慣の決め手です。
継続のための「しくみ」として、毎日書く「ダイアリー」ほど
最強のものはありません。本書では、「自己肯定感」を構成する〝6つの感〟を
それぞれ2ヵ月（約66日）で身につけられるようプログラムしました。
すべて楽しんでとり組めるものです。ぜひ気楽に始めてみてください。

Monthly Pages

自己肯定感が高まるしかけを凝縮！

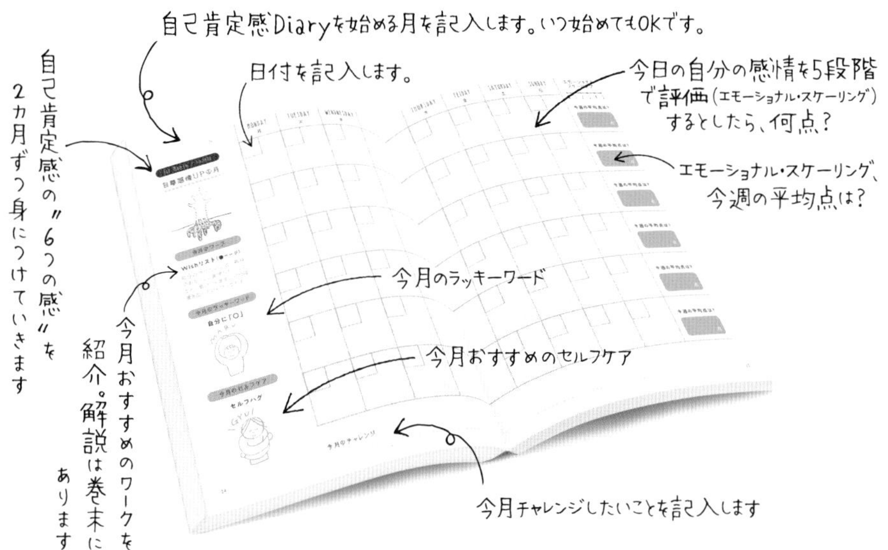
自己肯定感Diaryを始める月を記入します。いつ始めてもOKです。
日付を記入します。
今日の自分の感情を5段階で評価(エモーショナル・スケーリング)するとしたら、何点？
エモーショナル・スケーリング、今週の平均点は？
自己肯定感の〃6つの感〃を2カ月ずつ身につけていきます
今月のラッキーワード
今月おすすめのセルフケア
今月おすすめのワークを紹介。解説は巻末にあります
今月チャレンジしたいことを記入します

「自己肯定感」を構成する"6つの感"をそれぞれ2ヵ月（約66日）で身につけるようプログラムしました。
日付を記入し、大まかな予定を書き込める手帳の役割も果たしています。
「今月のワーク」「今月のラッキーワード」「今月のセルフケア」を紹介していますので、積極的に行ってみてください。
「今月のチャレンジ」欄には、その月の目標を書き入れます。
毎日のスペースにその日の感情を5点満点で点数づけする「エモーショナル・スケーリング」を記入し、感情の浮き沈みを客観視してみましょう。
マンスリーページは12ヵ月ありますが、いつ始めてもOK。
いったんお休みして復活してもいいのです。

Weekly Pages

365日、書くのがどんどん楽しくなる

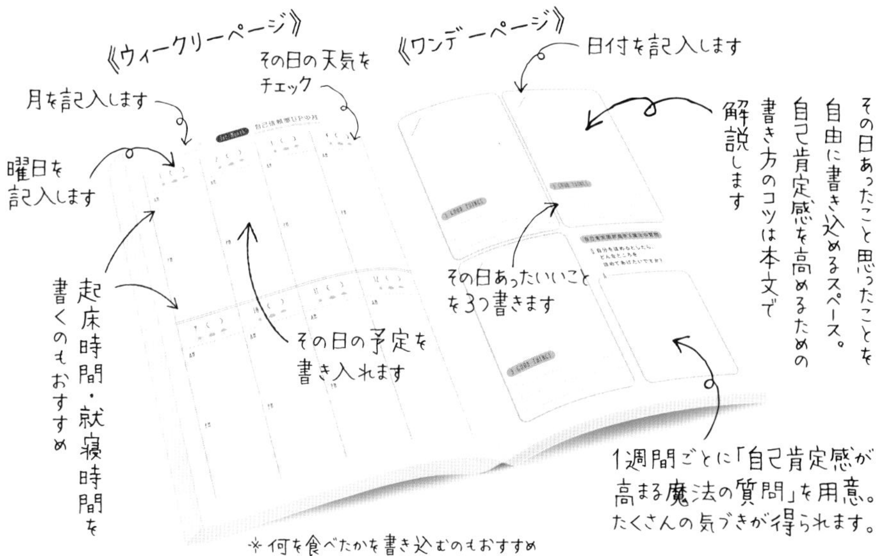
《ウィークリーページ》
《ワンデーページ》
その日の天気をチェック
日付を記入します
月を記入します
曜日を記入します
その日あったこと思ったことを自由に書き込めるスペース。自己肯定感を高めるための書き方のコツは本文で解説します
起床時間・就寝時間を書くのもおすすめ
その日あったいいことを3つ書きます
その日の予定を書き入れます
1週間ごとに「自己肯定感が高まる魔法の質問」を用意。たくさんの気づきが得られます。
※何を食べたかを書き込むのもおすすめ

「ウィークリーページ」は1日の予定を
もう少し詳しく書くことができる手帳ページです。
予定にプラスして自己肯定感を左右する「天気」をチェックします。
また、睡眠管理のために「起床時間」「就寝時間」を記入しましょう。
「ワンデーページ」は、自由に書き込める365日の日記ページです。
科学的に効果が実証されている「3 GOOD THINGS」の欄がありますので、
ぜひ毎日その日あったいいことを3つ書いてみましょう。
1週間ごとに「自己肯定感が高まる魔法の質問」も用意しました。
ワクワクや気づきを与える質問です。楽しんで書いてみてください。

Habit-tracker

キーストン・ハビット(要の習慣)を変える

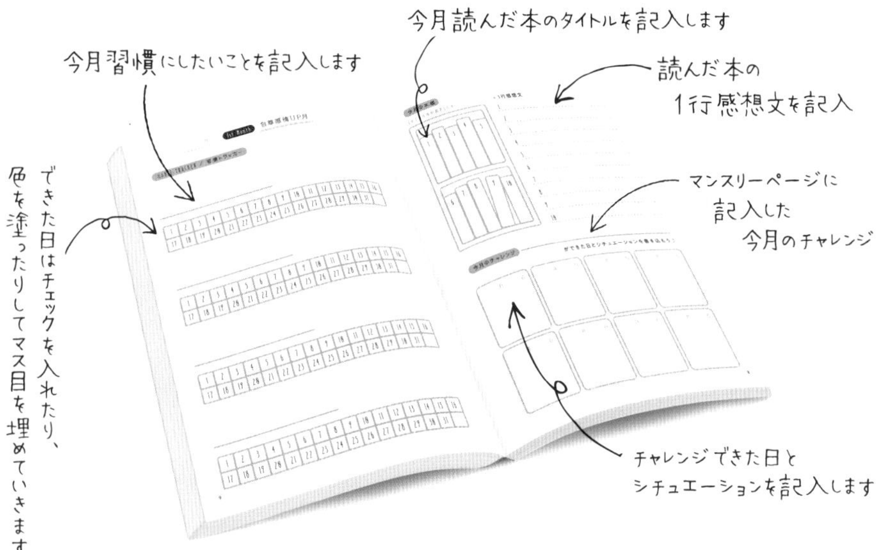
今月習慣にしたいことを記入します
今月読んだ本のタイトルを記入します
読んだ本の
1行感想文を記入
できた日はチェックを入れたり、
色を塗ったりしてマス目を埋めていきます
マンスリーページに
記入した
今月のチャレンジ
チャレンジできた日と
シチュエーションを記入します

キーストン・ハビット、つまり要(かなめ)となる習慣を変えると、
そのほかの習慣も良い方向に変えることができると言われています。
悪い習慣をやめて、良い習慣を身につけるのです。本書のダイアリーには、
習慣化の助けとなる「習慣トラッカー」を収録しています。
できたら色で塗りつぶすなどして、カラフルに仕上げましょう。
このマスが埋まることで達成感が高まります。「今月の本棚」には
この月に読んだ本のタイトルと1行感想文を書きます。
「今月のチャレンジ」欄には、「マンスリーページ」で
掲げた目標ができた日とシチュエーションを記入。
あなたのポジティブな情報を日記に記入し、脳に記録させましょう。

自己肯定感diary
運命を変える日記

自己肯定感の第一人者／心理カウンセラー
中島 輝
Nakashima Teru

PROLOGUE

『自己肯定感Diary』で運命は100％変えられる！

この本を手にとってくださり、ありがとうございます。

心理カウンセラーの中島輝です。

みなさんは自己肯定感ってどういうものだと思いますか？

じつは自己肯定感が下がると、不安になったり、自信がなくなったり、ネガティブ思考になり、生きづらさの原因にもなります。そんなときにぜひこの本を開いてみてください。

この本は、あなたの感情をプラスに変化させ、ポジティブ思考を高め、目標を達成させる成功への近道にあなたを導きます。そして、あなたの人生を幸せにするための習慣も同時に手に入れることができる夢のダイアリーとなるでしょう。

なぜダイアリーがいいのでしょうか？

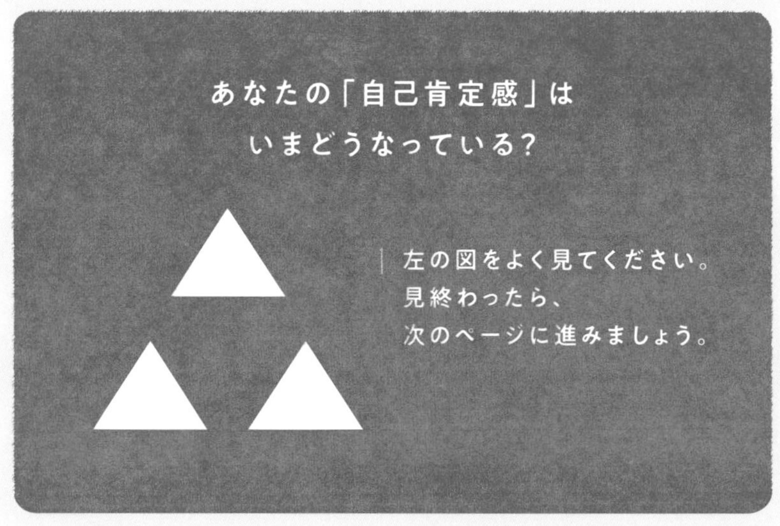

あなたの「自己肯定感」は
いまどうなっている？
左の図をよく見てください。
見終わったら、
次のページに進みましょう。

それには次の３つの理由があります。

1. ダイアリーに書けば脳が反応する

脳はイメージと現実の区別がつきません。

ダイアリーに書くということは、脳にイメージを植えつけるということ。あなたが、ダイアリーにワクワクすること、楽しいこと、達成したことを具体的に書くことで、脳がやる気を起こして、自己肯定感を高め、ポジティブな思考や行動を起こしくれます。

2. 五感をフル活用できる

ダイアリーは五感をフル活用してくれます。ペンで書くことで触覚を、書いた字を見ることで視覚を刺激します。五感を使うことで、ただ読むよりも自分のなかに効率的にとり入れることができるのです。

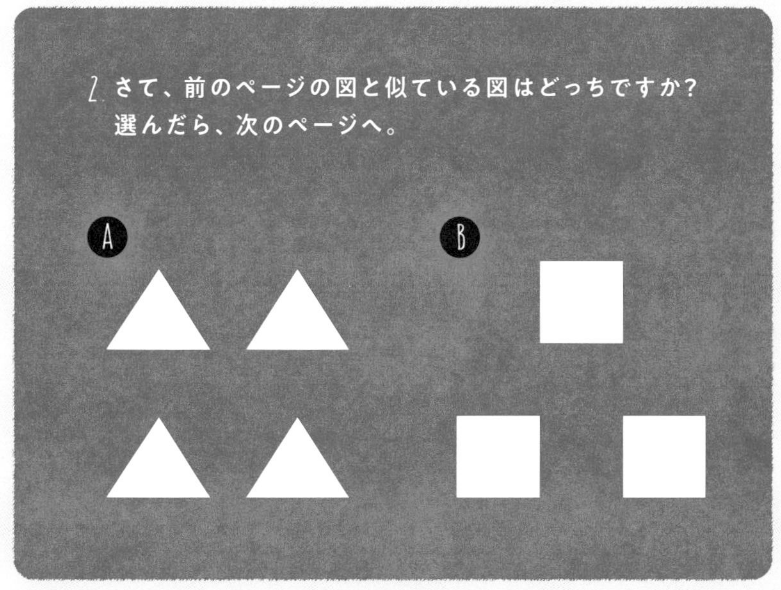

2. さて、前のページの図と似ている図はどっちですか？
選んだら、次のページへ。
A
B

3. 人生のすべてを整理・管理でき、いい習慣が持続する

このダイアリーがあれば、まわりに振り回されずに自信をもって自分のすべてを整理・管理できます。ぜひ実際に書いてみてください。このダイアリーがさまざまなしかけを施した「超・実践型」のダイアリーであることがわかると思います。

ダイアリーのプログラムにそって進めば、自己肯定感を高めながら、頭のなかを整理し、自分らしく生きる方法がわかります。仕事、人間関係、恋愛・結婚、子育て……あらゆる悩みを解決し、自己肯定感を習慣化させ、持続させる最高決定版。

本当のあなたであなたらしく生きたいあなたに送ります。

このダイアリーがあなたのそばにあれば、何があっても「大丈夫」と思えるようになり、あなたの運命があなたの望む方向へ100%変わります。

中島 輝

Aを選んだあなた：

いまあなたは比較的、自己肯定感の低いネガティブな感情を抱えています。小さな視点（ここでは1つ1つの△）に意識が向かうということは、視野が狭まっているということ。心が不安定になりがちな状態です。ぜひ本書で高めましょう！

Bを選んだあなた：

いまあなたは比較的、自己肯定感の高いポジティブな感情に満ちています。大きな視点（ここでは全体で△）でものごとを見ることができ、心にゆとりがある状態です。ただ自己肯定感はすぐに上下するもの。本書でいつでも高められるようにしておきましょう。

CONTENTS

自己肯定感Diary で運命が100%変わる理由

自己肯定感Diaryで運命が100%変わる理由

自己肯定感っていったい何でしょうか?
なぜ自己肯定感を高めたら、仕事や人間関係、恋愛・結婚、
子育てがうまくいくと言われているのでしょう?
この章では自己肯定感の性質をわかりやすく解説し、
「ダイアリー」がなぜ自己肯定感を高めるのに最強なのかを
明らかにしていきます。大丈夫。誰もが自己肯定感を高められます。
安心して読み進めてください。

自己肯定感が高いって何？

自己肯定感とは、「自分が自分であることに満足でき、自分を価値のある存在だと受け入れられる感覚」のこと。

自己肯定感が高い状態にあればあるほど、気持ちが安定して、前向きに行動でき、毎日を充実させることができます。

自分を信じることができて、他人にやさしくできて、自分の人生にはこの先もっといいことがあると思える――。

でも、こう言うと、次のような声が聞こえてきそうです。

- そんな聖人君子みたいな人いないよ！
- 自己肯定感が高いって、ただの自己満足なんじゃないの？
- 自己肯定感が高い人って、人の痛みがわからなそう……。仲よくなれそうにない……。

自己肯定感に興味をもって、この本を手にとってくださった方も、一度はこんな思いをもったことがあるのではないでしょうか？

こう思ってしまう理由、それはみなじつは「自己肯定感とは何か」ということを知らないから。

自己肯定感とは、自己満足でも、レベルが高いものでもありません。この世の中の誰もがもっている感覚だけれど、多くの人がまだその本来の力を発揮できていないだけなのです。

自己肯定感は自己満足ではない。
自己肯定感はレベルが高いものでもない。

自己肯定感が低いって何？

自己肯定感が高い状態というのは、気持ちが安定していて、ものごとを前向きに解釈でき、行動できる状態。それに対して、自己肯定感が低い状態というのは、気持ちが不安定で、ものごとを悲観的に解釈し、行動できない状態です。

大人になるとじつは自己肯定感は下がりやすくなります。

理由は大きく分けて２つあります。１つは、経験が増えるから。とくに失敗した経験というのは、強く印象に残ります。そして、同じ失敗を繰り返したくないという意識も高まります。これが自己肯定感を低くするトリガーとなっていくのです。

私たちは過去に失敗体験をしたことに対して、苦手意識をもつようになります。会議で発言するのを避けたくなったり、行動するのが億劫になったり、何をやっても無駄だと思ってしまったり、彼の機嫌を過度にうかがうようになったりするのです。

もう１つは、他人と自分を比較してしまうから。人生が長くなるにつれて、比較の対象は増えていくように思えます。とくにSNSが隆盛ないま、タイムラインに流れてくる比較対象は無数にあります。

身近な人をライバルとして競い合うことは、勉強や仕事で成果を出すために有効な方法ではありますが、それが正しく機能するのは自己肯定感が高まっているときのこと。自己肯定感が低いときは、まったく機能しないのです。

過去にとらわれて行動できなかったり、他人と自分を比較して凹むのは、自己肯定感が低くなっているから。

自己肯定感の知っておきたい2つのこと

これから自己肯定感を育んでいくうえで、次の２つの法則を知ることがとても重要です。それは……

- 自己肯定感がふだんから高い人、ふだんから低い人がいる
- 自己肯定感は、時と場合によって高くもなり、低くもなる

自己肯定感はあなたをとり巻く環境によって高くもなり、低くもなります。じつは、自己肯定感が高いと思っている人こそ注意が必要です。高いと思っているときほど落ちるときのスピードも速いからです。自己肯定感も一気に下がってしまうのです。

大切なのは、「自己肯定感が揺れ動くものだと知ること」「自分の自己肯定感がいまどういう状態か気づくこと」です。

このように自分を客観視し、自覚することを心理学の世界では、「自己認知」と呼びます。自己認知がうまくできていると、調子がいいときは「自己肯定感が高まっているから、小さな失敗があってもすぐに切り替えられるのだな」と思えるし、調子が悪いときも「小さなことにとらわれているのは、自己肯定感が下がっているからだな」と落ち着いて自分を見つめられます。

つまり、大切なのはいまの自己肯定感の状態を知り、低いときはどう対応すればいいかを身につけることなのです。

自己肯定感は揺れ動くもの。
自己肯定感が低いのは、「いま低い」というだけ。

あなたの自己肯定感はどれくらい？

あなたは、自分の自己肯定感が高いと思っていますか？　それとも、低いと思っていますか？

じつは、自己肯定感についてあいまいな認識だと、自己肯定感が低いのに高いと思っていたり、逆に高いのに低いに違いないと思い込んでいたりするのです。

そこで、まずはあなたのいまの自己肯定感の状態を確認しましょう。次のページに簡単にできる「自己肯定感チェックシート」を用意しました。

12個の質問に答えることで、あなたの自己肯定感の現在の状態がわかります。

ちなみに、このチェックシートにどう答えたかは、のちほどもう一度使いますので、ぜひ本に○×を書き込むか、メモをとるなどして、記録してみてください。では、始めましょう。

いかがでしたか？

12個の質問のうち、10個以上「○」がついたら、あなたの自己肯定感は低い状態。逆に「○」が5個以下の方はいま、自己肯定感が比較的高い状態だと言えるでしょう。

低くても大丈夫。自己肯定感を高めるには、自分のいまの状態を知ることが大事です。誰にとってもこれがスタートラインです。

いま自己肯定感が高くても低くてもどちらでも大丈夫。
自分を知ることがいちばん大切。

自己肯定感チェックシート

あなたの自己肯定感はいまどうなっている？

以下の12個の質問に○×を書き込むか、メモをとるなどして、記録してみましょう。
12個の質問のうち、○が10個以上の場合、
あなたの自己肯定感はいま、低い状態になっていると言えます。

1	朝、鏡を見て自分の嫌なところを探してしまっている	
2	SNSを開くたび、人からの「いいね」を待っている自分がいる	
3	職場や学校、家庭でちょっと注意されると、深く落ち込んでしまう。立ち直るまでに時間がかかってしまう	
4	自分のペースを乱されると、些細なことでもイラッとしてしまうことがある	
5	ふとしたときに「無理」「忙しい」「疲れた」「どうしよう」「嫌だ」「つらい」といったネガティブな言葉がこぼれている	
6	「ねば」「べき」と考えてしまい、行動を起こせない	
7	上司から言われた何気ないひと言が気になって、こだわってしまう	
8	やるぞと決めたけれど、まわりの人の目が気になり、躊躇してしまうことがある	
9	出かける前、1日を過ごす服選びに悩んでしまう	
10	一度決めたことなのに、本当にこれでいいのかなと悩むことがある	
11	新しいことに挑戦したいなと思っても、「どうせ」「自分ではね」と、勝手に限界を決めてしまっている	
12	電車から降りるときやエレベーターに乗るとき、ノロノロしている人にイライラしてしまう	

自己肯定感の「6つの感」とは？

- 楽しく週末を過ごしても、日曜日の夕方からつらくなる
- 上司に言われた言葉がいつまでたっても気になってしまう
- 大きな仕事が終わって、ボーッとした状態が続いている

こんな感情の変化は、自己肯定感と深く関わっています。

週末が終わる夜のようにわかりやすいきっかけもあれば、自分では原因がよくわからないのに気分が落ち込んでしまうことも……。

しかし、なぜ自己肯定感はこうも簡単に高くなったり低くなったりしてしまうのでしょうか。その理由は、自己肯定感が“6つの感”によって支えられていることにあります。

1. 自尊感情……自分には価値があると思える感覚
2. 自己受容感……ありのままの自分を認める感覚
3. 自己効力感……自分にはできると思える感覚
4. 自己信頼感……自分を信じられる感覚
5. 自己決定感……自分で決定できるという感覚
6. 自己有用感……自分は何かの役に立っているという感覚

この“6つの感”を「自己肯定感の木」にたとえて説明しましょう。

自己肯定感は「6つの感」で構成されている。
自己肯定感が上下するのはしかたがないこと。

6つの感覚を詳しく紹介！

自己肯定感の木

自己肯定感の"6つの感覚"を、自己肯定感の木にたとえて紹介します。
まずは、その仕組みと役割を知ることから始めましょう。

自己信頼感（葉）

木の「葉」のようなもの。
信頼という養分がなければ
生い茂ることはできません。

自己決定感（花）

木の「花」のようなもの。
主体的に決めることで
花は開きます。

自己効力感（枝）

木の「枝」のようなもの。
しなやかでなければ、
すぐにポキッと
折れてしまいます。

自己受容感（幹）

木の「幹」のようなもの。
軸がしっかりしていなければ
まっすぐに伸びません。

自己有用感（実）

木の「実」のようなもの。
誰かの役に立てること。
それ自体が甘いご褒美。

自尊感情（根）

木の「根」のようなもの。
根っこが深くなければ、
木は簡単に倒れてしまいます。

自尊感情（根）

自分には価値があると
思える感覚

自己肯定感の
土台となる根の部分。
根が深くなければ
木は倒れてしまいます。
この感覚が低下すると、
承認欲求が強くなり、
自分と他人と比べて
落ち込みがちになります。

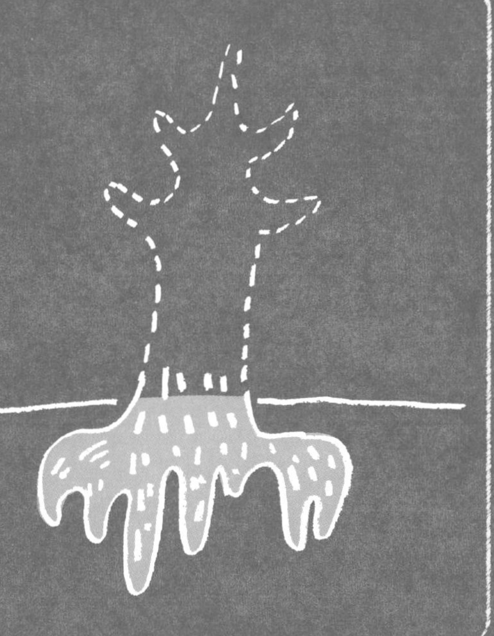

自己受容感（幹）

ありのままの自分を認める感覚

自己肯定感の木では、
幹の部分にあたります。どんな自分も
ダメ出しせずに受け入れ、
「I'm OK, I'm not OK」
（自分のいいところも
悪いところも含めて自分）
と思える感覚です。

自己効力感（枝）

自分にはできると
思える感覚

何らかの問題に
ぶつかったときも折れない、
しなやかな木の枝のようなもの。
低下した状態だと
「自分にはどうせ無理……」
と考え、一歩踏み出す勇気が
もてません。

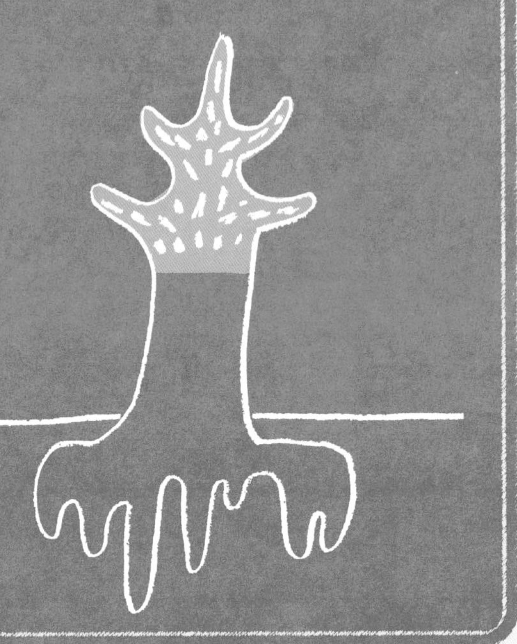

自己信頼感（葉）

自分を信じられる感覚

葉が光合成によって
成長するように、
自分を信じることは人生を
豊かにする養分となります。
他人の基準ではなく自分の
価値観に従うことができます。
この感覚が低下すると、
無気力になりがちに。

自己決定感（花）

自分で決定できるという感覚

人生を自分でコントロールできている感覚です。
この感覚は人間の幸福感に大きな影響を及ぼすとされています。
低下すると周囲への依存度が増し、他責思考に陥りがちになります。

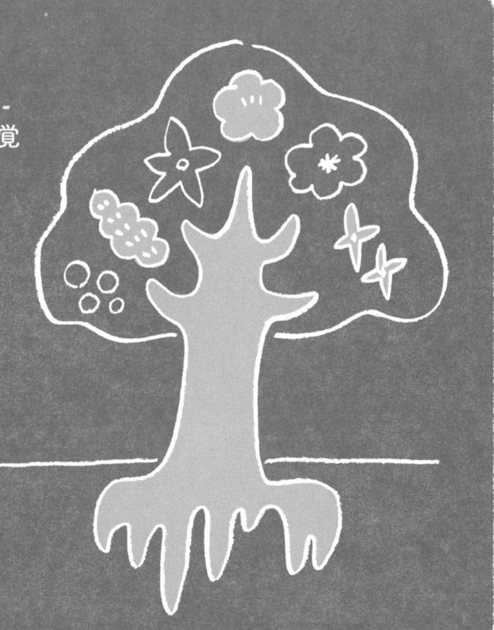

自己有用感（実）

自分は何かの役に立っているという感覚

自分が誰かの役に立っていると感じられることは、頑張るエネルギーになります。
そして人は誰かの役に立ったとき最大の幸福を得られるのです。
つまり、それ自体が甘いご褒美＝“木の実”のようなもの。

あなたは、自己肯定感の「6つの感」のどこが下がっている？

わかりやすく「自己肯定感の木」としてまとめてみましたが、いかがでしたか？

このように、“６つの感”のどれか１つが大きく揺さぶられると、その影響から自己肯定感が下がってしまいます。しかし、その反面“６つの感”はお互いを支え合うプラスの影響力も発揮します。

自尊感情が傷ついたとしても、友人の励ましによって「自分はこのままでもいいんだ！」と思える自己受容感が満たされ、心許せる親友がいる自分は「社会とつながっている！」と自己有用感が回復することで、自己肯定感が高まるのです。

“６つの感”はそれぞれが密接につながり、連鎖的な影響を受け合いながら自己肯定感を形づくっています。まずは“６つの感”に関する知識を身につけること。すると、感情の変化に対処できるようになります。

では、あなたはいまどの感が下がっているのか、実際にチェックしてみましょう。

じつは、先ほど紹介した「自己肯定感チェックシート」で投げかけた12の質問は、“６つの感”の状態を測る問いにもなっています。つまり、あなたが「○」をつけた問いに対応する“感”が低くなっているのです。

さて、あなたはどの“感”が下がっていましたか？

自己肯定感の「6つの感」は影響しあっている。
まずはどの“感”が下がっているかを知ることが大事。

自己肯定感チェックシート

あなたは"6つの感"のどこが下がっている？

12ページであなたに行ってもらった「自己肯定感チェックシート」の結果を再度、確認してください。じつは12の質問は、"6つの感"の状態を測る問いにもなっています。
つまり、○が多くついた項目の"感"が
低くなっているということです。

1	朝、鏡を見て自分の嫌なところを探してしまっている		自尊感情
2	SNSを開くたび、人からの「いいね」を待っている自分がいる		自尊感情
3	職場や学校、家庭でちょっと注意されると、 深く落ち込んでしまう。立ち直るまでに時間がかかってしまう		自己受容感
4	自分のペースを乱されると、 些細なことでもイラッとしてしまうことがある		自己受容感
5	ふとしたときに「無理」「忙しい」「疲れた」「どうしよう」 「嫌だ」「つらい」といったネガティブな言葉がこぼれている		自己効力感
6	「ねば」「べき」と考えてしまい、行動を起こせない		自己効力感
7	上司から言われた何気ないひと言が気になって、 こだわってしまう		自己信頼感
8	やるぞと決めたけれど、まわりの人の目が気になり、 躊躇してしまうことがある		自己信頼感
9	出かける前、1日を過ごす服選びに悩んでしまう		自己決定感
10	一度決めたことなのに、 本当にこれでいいのかなと悩むことがある		自己決定感
11	新しいことに挑戦したいなと思っても、 「どうせ」「自分ではね」と、勝手に限界を決めてしまっている		自己有用感
12	電車から降りるときやエレベーターに乗るとき、 ノロノロしている人にイライラしてしまう		自己有用感

私たちに備わる「ネガティブな脳」とは？

自己肯定感と切っても切り離せないものに、ネガティブ思考があります。じつは、私たち人間の脳は本来、ネガティブなことに目を向けがちな性質があるのです。

はるか昔の原始時代、いつ敵が現れ、いつ命を落としかねない危険が及ぶかわからない状況では、ネガティブなことにいち早く気づくことが、生き延びるためには必要でした。

人間の脳は原始時代からそう大きく変わってはいません。だからいまも、私たちの脳はネガティブなことに強く反応するのです。

実際、アメリカで行われた心理学の研究によると、私たちは1日に約6万回の思考を行っているそうですが、この6万回のうち、約80％、約4万5000回は、身を守るためのネガティブな思考になりがちであることがわかっています。

1日24時間、8時間の睡眠をとっているとして、3秒に2回はネガティブな思考が頭のなかをよぎっていることになるわけです。

だからといって、ネガティブ思考をもつことが悪いわけではありません。これから訪れるかもしれない失敗や危険からあなたを遠ざけ、あなたを助けてくれる大切な思考でもあります。

しかし、強すぎるネガティブ思考は、自己肯定感を低くさせ、あなたを苦しめます。幸福からあなたを遠ざけてしまいます。では、どうしたらいいのか。それを解決するキーワードが、「習慣」なのです。

あなたがネガティブなことに目を向けがちなのは
脳の性質から考えればしかたのないこと。

66日間で人の行動は変えられる

2006年にデューク大学の研究者が発表した論文によると、人々が毎日行う行動の40%以上は、意思決定によるものではなく、習慣によるものだったといいます。

つまり私たちは、いろいろと考えながら生きているつもりでも、実際にはその行動の半分近くが「習慣になったことを繰り返しているだけ」ということになります。ネガティブな思考も、なかなか行動に移せないのも、習慣のせいであることが大きいのです。だとしたら、「習慣を変えればいい」というわけです。

では、習慣を変えるにはどうしたらいいのでしょうか？

心理学者のフィリッパ・ラリー博士は、新しい習慣が身につくまでにどれぐらいの期間が必要なのかを、実験により調査しました。その結果、意識して実行する段階から自動的な習慣となるまでの期間、つまり何も考えなくても実行できるようになるまでに、平均66日かかることが明らかになったそうです。

習慣とはつまり、脳が慣れ親しんだ神経ネットワークで無意識に行っているもの。これが66日間で新しい神経ネットワークに書き換えられるのです。あなたが毎日、人生のポジティブな面や新しい何かに目を向けてみれば、66日後にはあなたの思考プロセスが書き換えられるというわけです。あとは継続のためのしくみがあればいい。そう、毎日書く「ダイアリー」はあなたの人生を好転させる習慣を継続させ、運命を変えるいちばん効果的なものなのです。

思考や行動を左右するのは習慣である。
習慣を変えるには平均66日かかる。

小さな習慣が現実を大きく変えていく

習慣を変えるといっても、絶対に最初から大きく変えようとはしないでください。それではすぐに挫折し、できない自分を強化してしまうだけです。大切なのは、小さなステップを踏む感覚です。

本書のダイアリーには、自己肯定感を高め、あなたらしい人生を生きるというゴールに対して、さまざまなしかけを用意しています。ワクワクする気持ちを探し出していくワークや体を動かして楽しむもの、リラックスできるもの。その１つ１つは、ゴールに向かうためのプロセスを細分化したものです。

１つの小さなステップを踏めたと感じたとき、自分に「よくやったね」「できた！」とご褒美の言葉をかけてあげましょう。すると、１つずつ確実にこなすことで達成率が上昇。「よくできた」という報酬を受けとることでモチベーションが持続します。

これはアメリカの心理学者バラス・スキナーが提唱した、「スモールステップの原理」です。人間の脳にやる気を出してもらうためには、報酬系と呼ばれる脳の回路を満足させる必要があります。

- 達成できそうな課題にとり組むこと
- 課題を達成したという成功体験を得ること

本書のダイアリーは、この２つを満たし、報酬系を的確に刺激するので非常に効果的なのです。

習慣を大きく変えようとしてはいけない。
小さなステップを踏んで達成感を得ることが大事。

なぜダイアリーを書くことが効果的なの？

カリフォルニア・ドミニカン大学の心理学者マシュー教授が、「書くこと」の効果を科学的に証明しています。

単に目標を設定するだけの人と、目標を紙に書き・誰かに伝え・説明をした人は、達成率が33％も高いことがわかったのです。ほかの研究でも、「書く」ことが、記憶と成績によい影響を与えたことが明らかになっています。

そのしくみは、「書く」という動作が、脳幹のRAS（網様体賦活系（もうようたいふかつけい））にある細胞を刺激するからです。RASとは、積極的に注意を向けているものを、いちばん重用視するというフィルターです。

「書く」という動作は、「その瞬間に積極的に注意を向けているもの」として認識されます。書くことと生産性について研究しているH・A・クラウザー氏は、次のように記述しています。

「書く」という動作で、RASが刺激されると、大脳皮質に「目覚めろ。 注意を払え。 細かいところまで見逃すな」という信号が送られる。だから、目標や覚えておきたいことを紙に書くと、脳はそれを本人に深く認識させようと働きかけ、絶えず注意を呼び起こす。

また、私たちがペンをもち、考えを文章にして紙に書き進めることで、右脳と左脳の両方がバランス良く使われることが、多くの研究で証明されています。つまり、ダイアリーに書くことで、あなたの脳のもっている力が引き出されるのです。

書くことは脳を刺激し記憶させる効果がある。
書くことは左右の脳のバランスをとる効果がある。

「マンスリーページ」の自己肯定感を高める「しかけ」とは？

ここで簡単に、本書のダイアリーの自己肯定感を高める「しかけ」について解説します。

「思考や行動は習慣で変わる、習慣は66日間で身につく」ということをお伝えしました。本書のダイアリーでは、自己肯定感を構成する“6つの感”を、それぞれ2ヵ月ずつ、つまり約66日間で身につけられるようプログラムしました。

まずは、38ページの「マンスリーページ」を見てください。1ヵ月目の自尊感情UPの月です。このページは、日付を書き込み、大まかな予定を書き込める手帳の役割も果たしています。

自尊感情をアップさせる「今月のワーク」「今月のラッキーワード」「今月のセルフケア」が記載されていますので、この月は積極的にこれらを行ってみましょう。また、「今月のチャレンジ」欄に、今月の目標を書き込み、目標を設定してください。

毎日のスペースには、その日の感情を5点満点で点数づけするとしたら何点か書き込めるようになっています。自己肯定感を高めるには自分を知ることが大事。自分の感情を数値化することによって客観視します。この方法を「エモーショナル・スケーリング」と言います。1週間ごとに平均値を出して、その週を振り返るとさらに効果的です。平均値が上がれば、モチベーションも高まります。

マンスリーページは12ヵ月ありますが、いつ始めてもOK。いったんお休みして復活してもいいのです。気楽に始めてみましょう。

自己肯定感の“6つの感”をそれぞれ2ヵ月ずつ
高めていく。いつ始めてもいい。お休みしてもいい。

「ウィークリーページ」「ワンデーページ」の自己肯定感を高める「しかけ」とは?

続いて40ページの「ウィークリーページ」を見てみましょう。このページは1日の予定をもう少し詳しく書くことができる手帳ページになっています。

予定にプラスして書いていただきたいおすすめは、その日の「天気」「起床時間」「就寝時間」。その日の天候と前日の睡眠時間は、自己肯定感を大きく上下させます。この2つを書いておくことで、「そっか、今日気分がすぐれなかったのは天気のせいだな」「前の日寝てなかったから調子が悪かったんだ」と、自分を客観視できるのです。

「ウィークリーページ」は31日間のスペースがあります。書き終えたらこの月の感想を書き込んで、1ヵ月を振り返ってみましょう。

次に148ページの「ワンデーページ」を見てみましょう。ここは、その日のことを自由に書き込める365日の日記ページです。ダイアリーの書き方のコツについては、31ページで解説します。

その日あったいいことを3つ書く「3 GOOD THINGS」の欄がありますので、ぜひ毎日書いてみましょう。よく、「書くようないいことがない」という方がいますが、そんな日は、「朝、起きた」「お昼ご飯を食べた」といったことでもいいのです。「3 GOOD THINGS」は研究で効果が実証されている方法です。いいことを書くことで、脳がポジティブなものに目を向けやすくなるのです。

1週間ごとに「自己肯定感が高まる魔法の質問」も用意しました。ワクワクや気づきを与える質問です。楽しんで書いてみてください。

毎日1行でもいいから日記を書いてみる。
必ず今日あったいいことを3つ書くこと。

「習慣トラッカー」で いい習慣を身につけよう

本書のダイアリーには、習慣化の助けとなる「習慣トラッカー」を収録しています。「習慣トラッカー」とは、これから始めたいこと、やめたいこと、習慣にしたいことを箇条書きでリストアップして、それができたかどうかを毎日チェックするツールです。

できた日のマスに色を塗ったり、斜線で塗りつぶしてもいいですし、できたら「○」、できなかったら「×」をつけてもいいでしょう。色分けしてカラフルに仕上げると、楽しさが増します。このマスが埋まっていく感覚が達成感となり、新しい習慣が身につく助けとなります。ポイントは続けられそうなものから始めてみること。22ページで紹介した「スモールステップの原理」を使いましょう。

「習慣トラッカー」と合わせて活用してもらいたいのが、「今月の本棚」と「今月のチャレンジ」欄です。「今月の本棚」には、この月に読んだ本のタイトルと、1行感想文を書きましょう。本を読むことの効果がさまざまな研究で実証されているのは、ご存じの通りです。

「今月のチャレンジ」欄は、「マンスリーページ」で掲げた目標ができた日がいつか、どんなシチュエーションだったかを書き入れてみてください。あなたのポジティブな情報を日記に記入し、脳に記録させるのです。そしてポジティブな記憶を強化していきましょう。自己肯定感を高めるとは、あなたのよいイメージをあなたの脳に記憶化させることでもあるのです。

小さな習慣から始めよう。
小さなことの積み重ねがやがて大きな変化になる。

「ライフチャート」で現在地を定期的に把握しよう

本書のダイアリーは、自己肯定感を構成する“6つの感”を、1つにつき2ヵ月間(約66日)かけて高めていくプログラムです。1ヵ月目の「自尊感情UPの月」から順番に進めることをおすすめしますが、「自己肯定感チェックシート」で判明した、下がっている“感”から始めたいという方もいると思います。その方法でもOKです。自分がやりやすいやり方で進めてみてください。

どの“感”から始めても、ぜひ行ってほしいことがあります。それが、2ヵ月ごとに用意した「ライフチャート」の記入です。

「ライフチャート」とは、仕事、恋愛・結婚、人間関係、お金、健康、趣味、学び、家族などあなたの人生にとって大切なことを8つ書き出し、その8項目について、現時点での満足度を10点満点中で何点か採点するものです。点数部分にチェックを入れ、あなたの現在地を「見える化」します。理想は、8項目を線で結んだときに、大きくてきれいな8角形になることですが、たとえいびつでもがっかりしないでください。自分の状態を知ることが重要なのです。

もし点数の低い項目があれば、その点数を「1点」だけ上げることを考えてみましょう。ここでも「スモールステップの原理」を使います。そして、できればこの1点だけ上げる方法を目標にして、次の月の「マンスリーページ」の「今月のチャレンジ」欄に書いてみてください。もしくは「習慣トラッカー」の1項目にしてもいいでしょう。ぜひ本書のプログラムを効果的に使ってみてください。

「ライフチャート」で現在地を「見える化」し、
気になる項目を1点上げることを次の月の目標にしよう。

ダイアリー効果①
「アウトプット効果」とは？

さて、本書のダイアリーのプログラムについて解説してきましたが、ここで「書くこと」の効果について、3つ簡単に触れたいと思います。もっと詳しく知りたいという方は、ぜひ『書くだけで人生が変わる自己肯定感ノート』を読んでみてください。

1つ目は「アウトプット効果」です。感情をありのまま書き出すことで、考えが整理され、自分のいまを知ることができます。自己肯定感を浮揚させる最初の一歩は、自分の現状を認めること。ポジティブなことでも、ネガティブなことでもかまいません。「ワンデーページ」(148ページ〜)を使って、自由に書き記していきましょう。

書くことによって得られるアウトプット効果について、「筆記療法」を完成させた心理学者のジェームス・W・ペネベーカー博士は、こんなふうに記しています。「自分の感情を書いてみる。それだけで心身ともに健康になる」。博士の研究では、過去にトラウマを抱えた被験者に自分の感情について書いてもらったところ、全員が肯定的な反応を示すといった効果が出たそうです。

とにかく、何も考えずに、いまの気持ちを書いていくことが大事です。たとえるなら、書くことによって感情をダイアリーという自分の外部に移植するのです。すると、いまの自分の状態に気づくことができ、だからこそ次の一歩を踏み出せるようになるのです。

そして、小さな一歩だとしても「書いて、わかった！」という感覚はあなたに自信の種を植えつけます。

感情を書き出せば、すっきりする。
感情を書き出せば、考えを整理できる。

ダイアリー効果②
「見える化効果」とは？

「書くこと」による２つ目の効果が「見える化効果」です。

ダイアリーに書き出した言葉、文章はあなたのなかから出てきたものですが、記された時点で距離が生じます。つまり、いいことも悪いことも客観視して、受け止めることができるようになるのです。この作業により、本当は嫌いなこと、本当はやりたいことなど、自分の進みたい方向もわかってきます。

「見える化効果」とは、書き出した内容をしっかりと認識し、受け止めることで自己認知が深まり、自分を肯定的に捉えられるようになっていく働きです。

自己認知できたことで、どうしてしんどいのか、つらいのか、大変なのかがわかっただけで、気持ちは少し軽くなっていきます。

私たちは自分の内面で起きたことを客観視するのが苦手です。でも、友だちや家族など、自分以外のことなら客観的に見ることができます。じつはこのやりとりをあなたの内面で行えるようになることこそ、自己肯定感とうまくつき合うスタート地点となります。

ペンをもち、自分に「こんにちは」とあいさつ。「何に悩んでいるの？」と自分に聞いて、「そっかそっか」「だからか～」と自分を見つめることから始めましょう。これは「内省」のプロセスでもあります。じつは「内省」こそ、ポジティブ心理学などでその効果が認められている技術です。「見える化」効果を使って、ぜひ自分と対話してみましょう。

「見える化効果」でダイアリーに映しだされた
自分と対話しよう。「内省」の効果を使おう。

ダイアリー効果③
「インプット効果」とは？

手を動かし書き記すあいだ、脳は活発に動いています。書かれた内容を目で見て確認することで、記憶に深く定着されます。その結果、書く行為はあなたの脳や潜在意識に強く働きかけ、その後の行動や考え方を変えるきっかけとなるのです。

大切なのは、ダイアリーに書き出したことを繰り返し目にして、読み返すこと。すると、インプット効果の次の２つの効能がきちんと働くようになります。

1. 記憶に深く定着させる効果
2. 潜在意識に強く働きかけ、その後の行動や考え方を変える効果

潜在意識によって人の行動が変わるという理論に「プライミング効果」があります。あらかじめ被験者に「ライオン、ゾウ、キリン」といった単語を見せておき、「スピードの速いものを答えてください」と質問すると、「チーター」「馬」などと答えます。世の中には動物より速いものはたくさんありますが、被験者は事前の単語のインプットによって、答えを「動物」に限定してしまうのです。

このように暗示が脳に与える力は非常に強大で、日々ネガティブなニュースに多く触れていると気分が落ち込みやすくなるという傾向も明らかになっています。逆に明確な目標を紙に書き出し、それを日々目にしているとプライミング効果がプラスに働くわけです。

ダイアリーで、記憶に定着させ、脳の潜在意識に届けて、
勝手に思考や行動が変わるよう仕向けていこう。

ダイアリーの書き方のコツ①
「感情をこめて書く」

「人間の脳は忘れるようにできている」ということを発見したのは、19世紀のドイツの実験心理学者ヘルマン・エビングハウスでした。

エビングハウスの実験では、人は一度覚えたことを再度思い出そうとしたとき、20分後、1時間後、1日後、1週間後、1ヵ月後と時間が経つほどかかる労力が大きくなるという結果が出ています。私たちは覚えた直後から忘れ始め、時とともに記憶をとり戻すのが困難になるのです。

だからこそ脳が記憶に留める書き方をすることが大切です。そのコツは、感情の動きを伴う文章をつくり、書き留めることです。

なぜ、感情が重要かと言うと、脳のしくみと関係しています。記憶を司る海馬（かいば）の近くには、扁桃核（へんとうかく）と呼ばれる部位があります。扁桃核は感情のコントロールと深く関わっていて、いい意味でも悪い意味でも気持ちが動いたとき、強く反応します。

すると、不思議なことに隣り合っている海馬の活動も活発に。これは記憶を司る海馬が、感情のコントロールと関わる扁桃核の働きを「生命の危機ではないか」と解釈するからだと考えられています。

つまり、あなたの感情の動きが記された文章、読んだことであなたの感情が刺激される文章は、記憶によく残る文章となるのです。

小説やドラマでも、印象に残っているシーンを振り返ると高い確率で登場人物の感情に共感した場面が思い浮かぶものです。そんなふうにあなたの感情や体験と結びついた情報は、記憶に残りやすくなり、また先々になっても思い出しやすい情報となっていくのです。

感情をこめて書こう。
感情をこめて書けば書くほど、脳に記憶される。

ダイアリーの書き方のコツ②「完了形で書く」

脳はイメージと現実の区別がつきません。レモンを口いっぱいにほおばることを想像してみてください。現実にはほおばっていなくても唾液がでてきます。脳は、レモンは酸っぱいというイメージに反応し無意識に唾液を出しました。

行動心理学では、あたかも達成したかのようなイメージの感情状態をつくることが、夢や目標を達成する条件の1つと言われています。人は夢や目標を掲げたときに、防衛本能からできないかもというネガティブ感情が必ず湧き起こります。そこで、ダイアリーにはあたかも「すべてできた！」かのように楽しい未来やうれしい自分を「過去形」で書くのです。こうすることで､脳は無意識に「叶った自分」にフォーカスし、行動や思考が変わっていくのです。

エジソンは、寝る前に知りたいことをメモし、朝、目がさめるとアイデアをメモするという繰り返しから発明王になりました。

ダイアリーに書くことで、脳にイメージを植えつければ、ありのままのあなたで無理せずに自己肯定感が高まります。自己肯定感が高まると行動力がアップするので､あなたの夢や目標が叶うのです。

また、ダイアリーを読み返すと、「こんなこと書いてたっけ？」と思うことがあります。私たちの意識は潜在意識が97％に対して顕在意識は3％とも言われています。書くことでその97％の潜在意識に働きかけ、自分でも思いもかけないキーワードやメッセージが出てくるのです。あなたらしくカスタマイズして楽しんでみてください。

ときには「完了形」で書いて、脳が目標や夢にフォーカスするスピードを加速させよう。そして楽しんで書こう。

自己肯定感Diary マンスリーページ & ウィークリーページ

自己肯定感が高まるしかけを凝縮！

自己肯定感は“6つの感”で構成されています。
そして新しい習慣は約66日間で無意識まで根づくといいます。
そこで1つの“感”が2ヵ月（約66日）で身につけられるよう
プログラムしました。「マンスリーページ」「ウィークリーページ」は
手帳としても使えますし、「習慣トラッカー」は習慣化の
手助けをしてくれます。ぜひ毎日開いてみてください。

「マンスリーページ」の使い方

「マンスリーページ」は、自己肯定感が高まる「しかけ」を組み込んだ
「マンスリー手帳」です。自己肯定感を構成する“6つの感”を、
それぞれ2ヵ月ずつ身につけられるようプログラムしました。
12ヵ月分ありますが、いつ始めてもOKです。いったんお休みして復活してもOK。
書いてて楽しいという気持ちを優先してください。

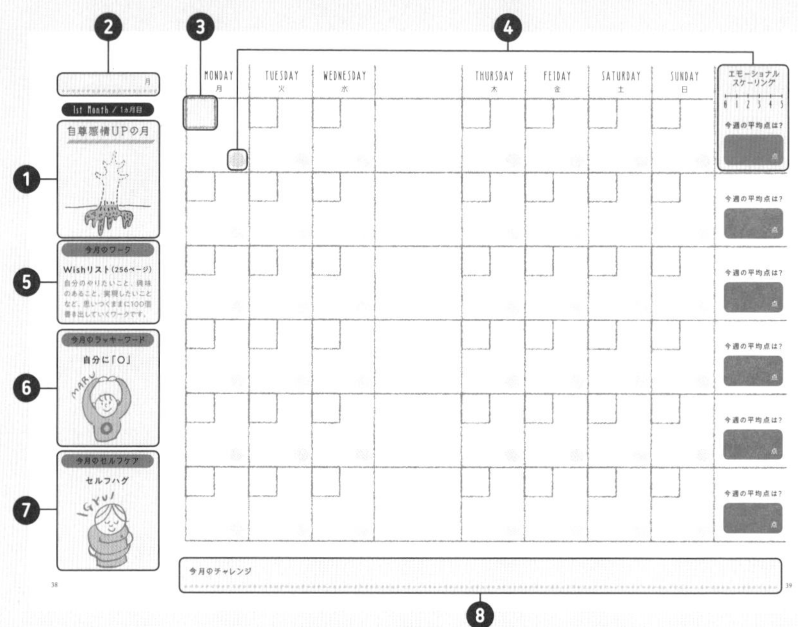

❶ 今月高める“感”です。できれば“自尊感情UPの月”から始めることをおすすめしますが、「自己肯定感チェックシート」でほかの“感”が低かった人は、ページを飛ばしてその“感”の月から書き始めてもOKです。臨機応変に使ってください。

❷ 「月」を記入してください。何月から始めてもOKです。

❸ 「日付」を記入してください。

❹ その日の感情を5点満点で点数づけするとしたら何点か書き込みます。1週間ごとに平均値を出して、その週を振り返るとさらに効果的です。平均値が上がれば、モチベーションも高まります。

❺ その月の“感”を高めるワークを紹介しています。詳細は4章で解説しています。この月は積極的にこのワークをやってみましょう。

❻ 「今月のラッキーワード」です。巻末の付録に解説もついていますので、ぜひお読みください。口ぐせにすれば、潜在意識から自己肯定感が高まっていきます。

❼ 「今月のセルフケア」です。巻末の付録に解説もついていますので、ぜひお読みください。自己肯定感が下がったら、ぜひセルフケアで自分をケアしてあげましょう。

❽ 「今月のチャレンジ」欄です。今月の目標を書き込み、目標を設定してください。

「ウィークリーページ」の使い方

「ウィークリーページ」は、自己肯定感が高まる「しかけ」を組み込んだ
「ウィークリー手帳」です。1日の予定を時間を分けて書くことができます。
不規則な生活は自己肯定感を上下させます。
起床時間、就寝時間や仕事の開始時間、終了時間などを書き込めば、
睡眠不足や仕事のしすぎといった自己肯定感の弊害も見えてきます。
自由にアレンジしてください。

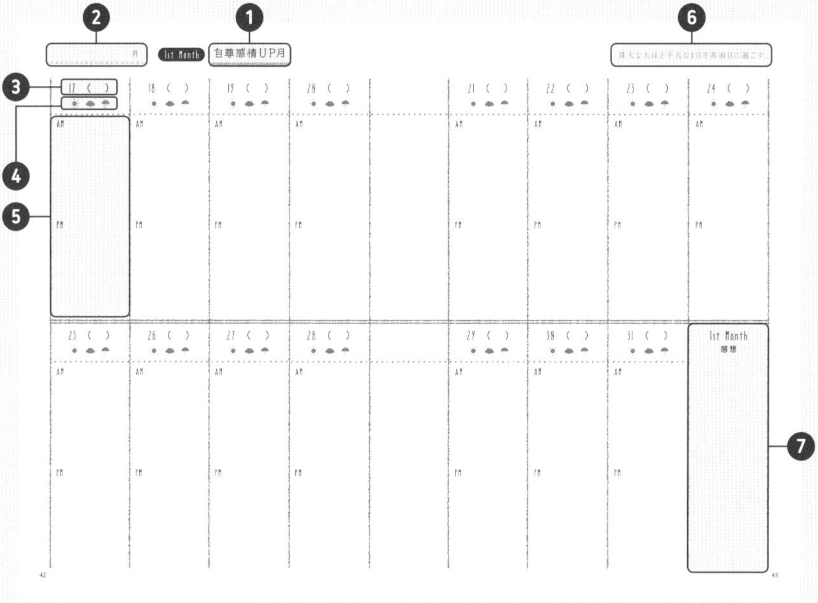

1. 今月高める“感”です。できれば“自尊感情UPの月”から始めることをおすすめしますが、「自己肯定感チェックシート」でほかの“感”が低かった人は、ページを飛ばしてその“感”の月から書き始めてもOKです。臨機応変に使ってください。
2. 「月」を記入してください。何月から始めてもOKです。
3. 「曜日」を記入してください。
4. その日の「天気」をチェックします。その日の天候は自己肯定感を上下させます。チェックすることで、「そっか、今日気分がすぐれなかったのは天気のせいだな」と自分を客観視できます。
5. 予定を自由に書き込めるスペースです。「起床時間」「就寝時間」や仕事の「開始時間」「終了時間」、ランチに何を食べたかなどを書いてみましょう。そのうち自己肯定感が下がる原因が明らかになっていきます。
6. 自己肯定感が高まる名言をセレクトしました。気に入った名言を生き方の指針にしてみましょう。
7. 1ヵ月の感想を書き込めるスペースです。文字やイラスト、シールを貼るなど、自由に使ってください。

習慣トラッカーの使い方

悪い習慣をやめて、良い習慣を身につけるための「習慣トラッカー」。
読んだ本のタイトルと1行感想文を書いて情報をストックする「今月の本棚」。
「今月のチャレンジ」欄には、「マンスリーページ」で掲げた目標ができた日と
シチュエーションを記入します。習慣が思考を変え、行動を変え、運命を変えます。
できるだけ色を使って書いてみましょう。

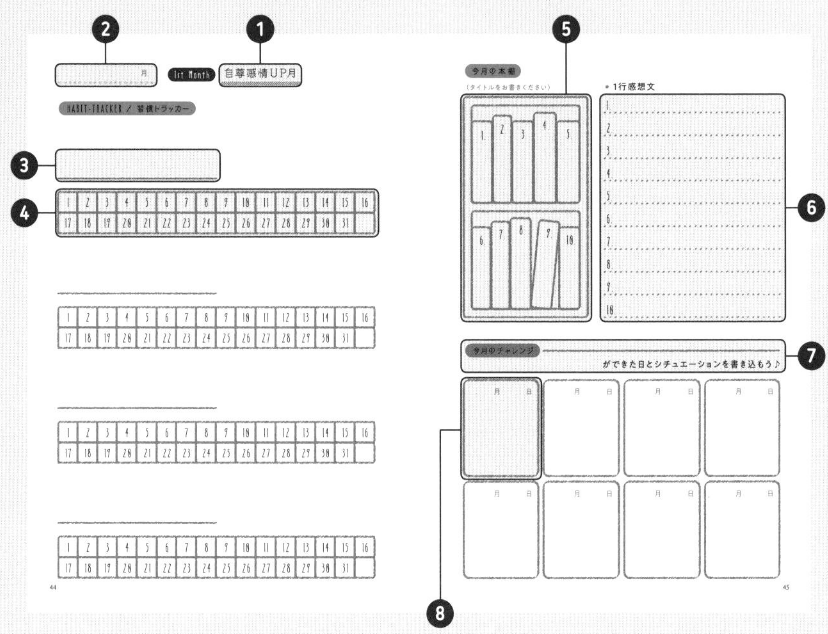

❶ 今月高める"感"です。できれば"自尊感情UPの月"から始めることをおすすめしますが、「自己肯定感チェックシート」でほかの"感"が低かった人は、ページを飛ばしてその"感"の月から書き始めてもOKです。臨機応変に使ってください。

❷ 「月」を記入してください。何月から始めてもOKです。

❸ 習慣化したいことを書いてください。できるだけ小さなことから始めることをおすすめします。できたという感覚が達成感を高めます。

❹ できたら「○」をつける、マスを色で塗りつぶす、斜線で塗りつぶすなどして、カラフルに仕上げましょう。このマスが埋まることで達成感が高まります。

❺ この月に読んだ本のタイトルを書きます。どんな本を読んだかは意外と忘れてしまうもの。ここにストックしておきましょう。

❻ 読んだ本の1行感想文を書きます。感想をたくさん書こうと思ったら億劫ですが、1行だけなら書けるのではないでしょうか。この感想があるだけで記憶から引き出しやすくなります。

❼ 「マンスリーページ」の「今月のチャレンジ」欄に記入した目標を書き入れます。

❽ 「今月のチャレンジ」ができた日とシチュエーションを記入。あなたのポジティブな情報を日記に記入し、脳に記録させましょう。

1st Month / 2nd Month

自尊感情UPの月

月　　　日

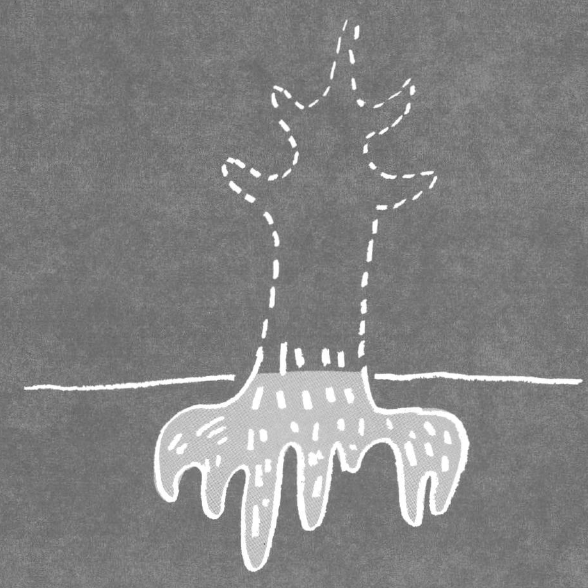

自尊感情（根）

自分には価値があると思える感覚

自己肯定感の土台となる根の部分。
根が深くなければ木が倒れてしまいます。
この感覚が低いと、承認欲求が強くなり、
他人と比べて落ち込みがちになります。

月

1st Month / 1ヵ月目

自尊感情UPの月

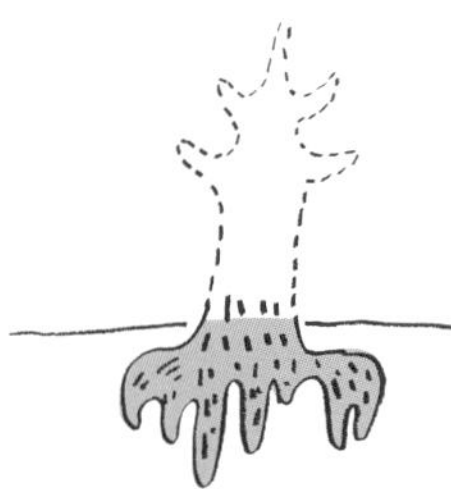

今月のワーク

Wishリスト（256ページ）

自分のやりたいこと、興味のあること、実現したいことなど、思いつくままに100個書き出していくワークです。

今月のラッキーワード

自分に「○」

今月のセルフケア

セルフハグ

MONDAY 月	TUESDAY 火	WEDNESDAY 水

今月のチャレンジ

THURSDAY 木	FEIDAY 金	SATURDAY 土	SUNDAY 日	エモーションナル スケーリング 0 1 2 3 4 5
				今週の平均点は? 点
				今週の平均点は? 点
				今週の平均点は? 点
				今週の平均点は? 点
				今週の平均点は? 点
				今週の平均点は? 点

1 (　)	2 (　)	3 (　)	4 (　)
AM	AM	AM	AM
PM	PM	PM	PM

9 (　)	10 (　)	11 (　)	12 (　)
AM	AM	AM	AM
PM	PM	PM	PM

「元気をだしましょう。今日の失敗ではなく、明日訪れるかもしれない成功について考えるのです」
ヘレン・ケラー

5 (　)	6 (　)	7 (　)	8 (　)
AM	AM	AM	AM
PM	PM	PM	PM

13 (　)	14 (　)	15 (　)	16 (　)
AM	AM	AM	AM
PM	PM	PM	PM

17 (　)	18 (　)	19 (　)	20 (　)
AM	AM	AM	AM
PM	PM	PM	PM

25 (　)	26 (　)	27 (　)	28 (　)
AM	AM	AM	AM
PM	PM	PM	PM

「次の角を曲がったとき、どんな出来事に出会うのか楽しみましょう」
グウィネス・パルトロウ

21 (　)	22 (　)	23 (　)	24 (　)
AM	AM	AM	AM
PM	PM	PM	PM

29 (　)	30 (　)	31 (　)	1st Month 感想
AM	AM	AM	
PM	PM	PM	

HABIT-TRACKER / 習慣トラッカー

1	2	3	4	5	6	7	8	9	10	11	12	13	14	15	16
17	18	19	20	21	22	23	24	25	26	27	28	29	30	31	

1	2	3	4	5	6	7	8	9	10	11	12	13	14	15	16
17	18	19	20	21	22	23	24	25	26	27	28	29	30	31	

1	2	3	4	5	6	7	8	9	10	11	12	13	14	15	16
17	18	19	20	21	22	23	24	25	26	27	28	29	30	31	

1	2	3	4	5	6	7	8	9	10	11	12	13	14	15	16
17	18	19	20	21	22	23	24	25	26	27	28	29	30	31	

今月の本棚

（タイトルをお書きください）

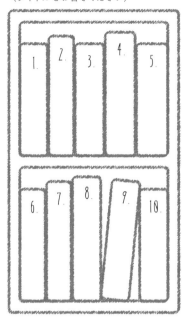

1.
2.
3.
4.
5.
6.
7.
8.
9.
10.

● 1行感想文

1.
2.
3.
4.
5.
6.
7.
8.
9.
10.

今月のチャレンジ

ができた日とシチュエーションを書き込もう♪

月　日	月　日	月　日	月　日
月　日	月　日	月　日	月　日

月

2nd Month / 2カ月目

自尊感情UPの月

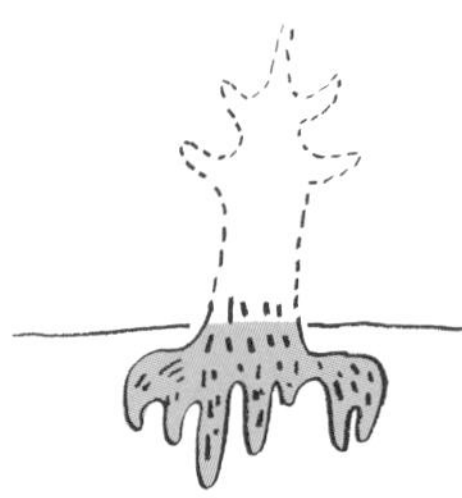

今月のワーク

ライフチェンジノート
（260ページ）

5年後の未来の自分を想像し、その自分に声がけをすることで、いまの自分を肯定し勇気づけるワークです。

今月のラッキーワード

自分に「グッジョブ!」

今月のセルフケア

洗面台をキレイにする

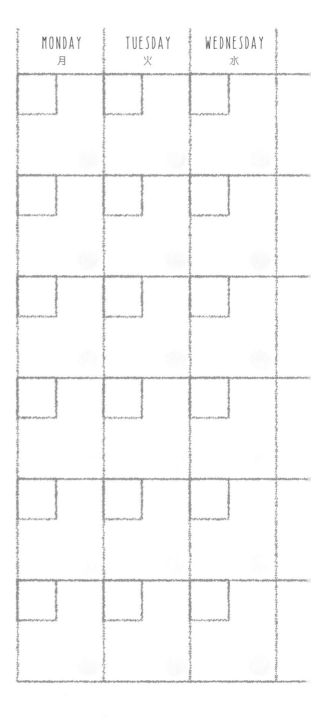

MONDAY 月	TUESDAY 火	WEDNESDAY 水

今月のチャレンジ

THURSDAY 木	FEIDAY 金	SATURDAY 土	SUNDAY 日	エモーショナル スケーリング 0 1 2 3 4 5
				今週の平均点は? 点
				今週の平均点は? 点
				今週の平均点は? 点
				今週の平均点は? 点
				今週の平均点は? 点
				今週の平均点は? 点

1（　）	2（　）	3（　）	4（　）
AM	AM	AM	AM
PM	PM	PM	PM

9（　）	10（　）	11（　）	12（　）
AM	AM	AM	AM
PM	PM	PM	PM

5 (　)	6 (　)	7 (　)	8 (　)
AM	AM	AM	AM
PM	PM	PM	PM

13 (　)	14 (　)	15 (　)	16 (　)
AM	AM	AM	AM
PM	PM	PM	PM

17 (　)	18 (　)	19 (　)	20 (　)
AM	AM	AM	AM
PM	PM	PM	PM

25 (　)	26 (　)	27 (　)	28 (　)
AM	AM	AM	AM
PM	PM	PM	PM

「自分の足で立てば人生は豊かになる」
マーガレット・バーク＝ホワイト

21（ ）	22（ ）	23（ ）	24（ ）
AM	AM	AM	AM
PM	PM	PM	PM

29（ ）	30（ ）	31（ ）	2nd Month 感想
AM	AM	AM	
PM	PM	PM	

HABIT-TRACKER / 習慣トラッカー

1	2	3	4	5	6	7	8	9	10	11	12	13	14	15	16
17	18	19	20	21	22	23	24	25	26	27	28	29	30	31	

1	2	3	4	5	6	7	8	9	10	11	12	13	14	15	16
17	18	19	20	21	22	23	24	25	26	27	28	29	30	31	

1	2	3	4	5	6	7	8	9	10	11	12	13	14	15	16
17	18	19	20	21	22	23	24	25	26	27	28	29	30	31	

1	2	3	4	5	6	7	8	9	10	11	12	13	14	15	16
17	18	19	20	21	22	23	24	25	26	27	28	29	30	31	

今月の本棚

（タイトルをお書きください）

● 1行感想文

1.

2.

3.

4.

5.

6.

7.

8.

9.

10.

今月のチャレンジ

ができた日とシチュエーションを書き込もう♪

月　日	月　日	月　日	月　日
月　日	月　日	月　日	月　日

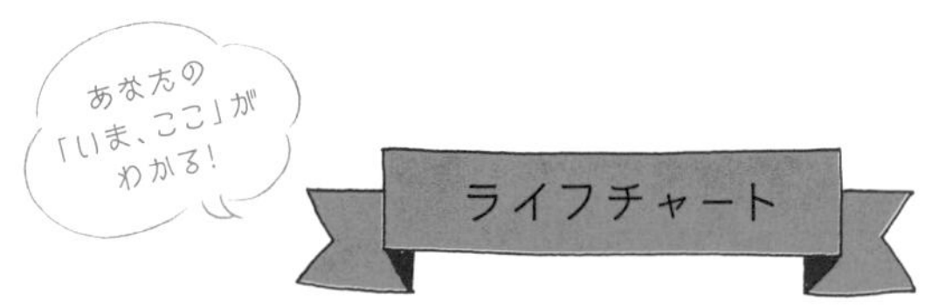

1st Month～2nd Month（自尊感情UPの月）を終えたあなたの「いま、ここ」を可視化します。
あなたの人生にとって大切なことを8つ［　］に書き入れてください。
仕事、恋愛・結婚、人間関係、お金、健康、趣味、学び、家族など自由に項目を立ててみましょう。
次にその8つの項目について、いまの満足度を
10点満点中で何点か採点し、そこに●をつけてください。
8項目のすべてに●をつけたら、それらをすべてつなぎます。

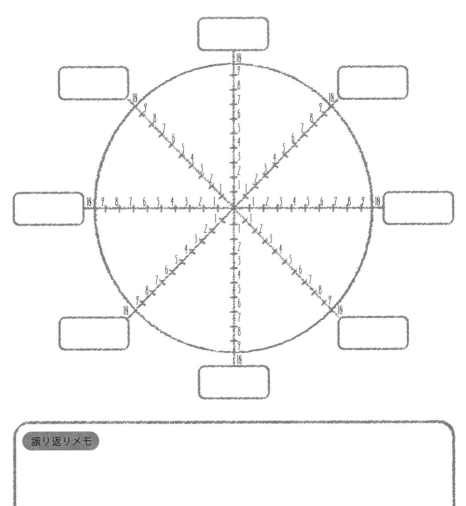

振り返りメモ

3rd Month / 4th Month

自己受容感UPの月

月　　　日

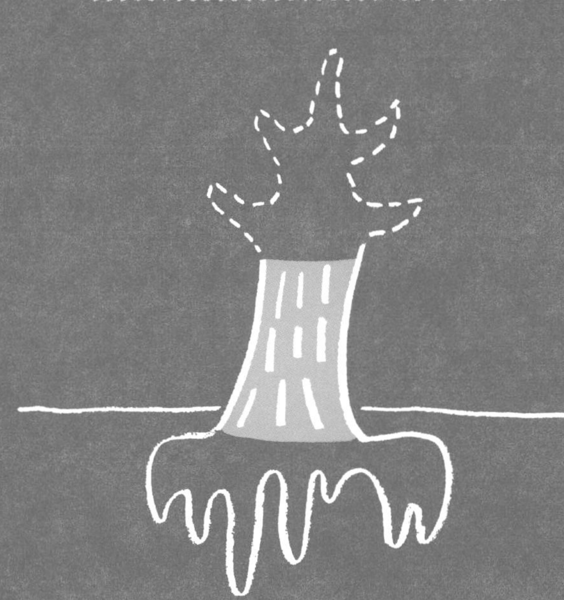

自己受容感（幹）

ありのままの自分を認める感覚

自己肯定感の木では、幹にあたります。
どんな自分もダメ出しせずに受け入れ、
「I'm OK, I'm not OK」（自分のいいところも悪いところも含めて自分）
と思える感覚です。

月

3rd Month / 3ヵ月目

自己受容感UPの月

今月のワーク

エクスプレッシブ・ライティング（264ページ）

ネガティブな感情や体験を制限をつけずに吐き出し、区切りをつけて手放すためのワークです。

今月のラッキーワード

「大丈夫。大丈夫」

今月のセルフケア

目を隠して「10秒瞑想」

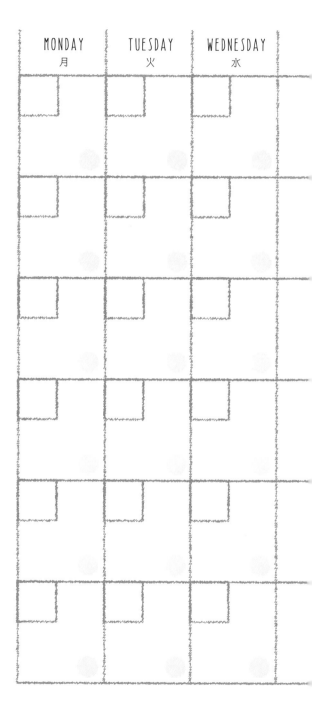

MONDAY 月	TUESDAY 火	WEDNESDAY 水

今月のチャレンジ

THURSDAY 木	FEIDAY 金	SATURDAY 土	SUNDAY 日	エモーションナル スケーリング 0 1 2 3 4 5
				今週の平均点は? 点
				今週の平均点は? 点
				今週の平均点は? 点
				今週の平均点は? 点
				今週の平均点は? 点
				今週の平均点は? 点

1 ( )	2 ( )	3 ( )	4 ( )
AM	AM	AM	AM
PM	PM	PM	PM

9 ( )	10 ( )	11 ( )	12 ( )
AM	AM	AM	AM
PM	PM	PM	PM

「明日は明日の風が吹く」
マーガレット・ミッチェル

5 (　)	6 (　)	7 (　)	8 (　)
AM	AM	AM	AM
PM	PM	PM	PM

13 (　)	14 (　)	15 (　)	16 (　)
AM	AM	AM	AM
PM	PM	PM	PM

17 (　)	18 (　)	19 (　)	20 (　)
AM	AM	AM	AM
PM	PM	PM	PM

25 (　)	26 (　)	27 (　)	28 (　)
AM	AM	AM	AM
PM	PM	PM	PM

「美とはあなたの内面で感じたことが目に映し出されるもの」
ソフィア・ローレン

21 (　)	22 (　)	23 (　)	24 (　)
AM	AM	AM	AM
PM	PM	PM	PM

29 (　)	30 (　)	31 (　)	3rd Month 感想
AM	AM	AM	
PM	PM	PM	

HABIT-TRACKER / 習慣トラッカー

1	2	3	4	5	6	7	8	9	10	11	12	13	14	15	16
17	18	19	20	21	22	23	24	25	26	27	28	29	30	31	

1	2	3	4	5	6	7	8	9	10	11	12	13	14	15	16
17	18	19	20	21	22	23	24	25	26	27	28	29	30	31	

1	2	3	4	5	6	7	8	9	10	11	12	13	14	15	16
17	18	19	20	21	22	23	24	25	26	27	28	29	30	31	

1	2	3	4	5	6	7	8	9	10	11	12	13	14	15	16
17	18	19	20	21	22	23	24	25	26	27	28	29	30	31	

今月の本棚

（タイトルをお書きください）

1.
2.
3.
4.
5.
6.
7.
8.
9.
10.

1行感想文

1.
2.
3.
4.
5.
6.
7.
8.
9.
10.

今月のチャレンジ

ができた日とシチュエーションを書き込もう♪

月　日	月　日	月　日	月　日
月　日	月　日	月　日	月　日

月

4th Month / 4ヵ月目

自己受容感UPの月

今月のワーク

マインドスイッチリスト
（268ページ）

ストレスがかかったときにどうすれば解消できるかをあらかじめ用意しておき、それを実行するワークです。

今月のラッキーワード

「オールOK!」

今月のセルフケア

お風呂で瞑想タイム

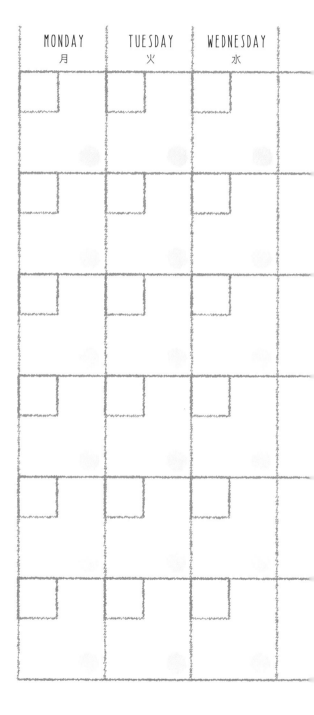

MONDAY 月	TUESDAY 火	WEDNESDAY 水

今月のチャレンジ

THURSDAY 木	FEIDAY 金	SATURDAY 土	SUNDAY 日	エモーショナル スケーリング 0 1 2 3 4 5
				今週の平均点は? 点
				今週の平均点は? 点
				今週の平均点は? 点
				今週の平均点は? 点
				今週の平均点は? 点
				今週の平均点は? 点

1 ( )	2 ( )	3 ( )	4 ( )
AM	AM	AM	AM
PM	PM	PM	PM

9 ( )	10 ( )	11 ( )	12 ( )
AM	AM	AM	AM
PM	PM	PM	PM

「すべての規則に従っていたら楽しみなんて何1つなくなる」
キャサリン・ヘップバーン

5 (　)	6 (　)	7 (　)	8 (　)
AM	AM	AM	AM
PM	PM	PM	PM

13 (　)	14 (　)	15 (　)	16 (　)
AM	AM	AM	AM
PM	PM	PM	PM

17 (　)	18 (　)	19 (　)	20 (　)
AM	AM	AM	AM
PM	PM	PM	PM

25 (　)	26 (　)	27 (　)	28 (　)
AM	AM	AM	AM
PM	PM	PM	PM

「気にくわないことは変えればいい。変えられないときは向き合う姿勢を変えるのよ」
マヤ・アンジェロウ

21 (　)	22 (　)	23 (　)	24 (　)
AM	AM	AM	AM
PM	PM	PM	PM

29 (　)	30 (　)	31 (　)	4th Month 感想
AM	AM	AM	
PM	PM	PM	

HABIT-TRACKER / 習慣トラッカー

1	2	3	4	5	6	7	8	9	10	11	12	13	14	15	16
17	18	19	20	21	22	23	24	25	26	27	28	29	30	31	

1	2	3	4	5	6	7	8	9	10	11	12	13	14	15	16
17	18	19	20	21	22	23	24	25	26	27	28	29	30	31	

1	2	3	4	5	6	7	8	9	10	11	12	13	14	15	16
17	18	19	20	21	22	23	24	25	26	27	28	29	30	31	

1	2	3	4	5	6	7	8	9	10	11	12	13	14	15	16
17	18	19	20	21	22	23	24	25	26	27	28	29	30	31	

今月の本棚

（タイトルをお書きください）

1.
2.
3.
4.
5.
6.
7.
8.
9.
10.

● 1行感想文

1.

2.

3.

4.

5.

6.

7.

8.

9.

10.

今月のチャレンジ

ができた日とシチュエーションを書き込もう♪

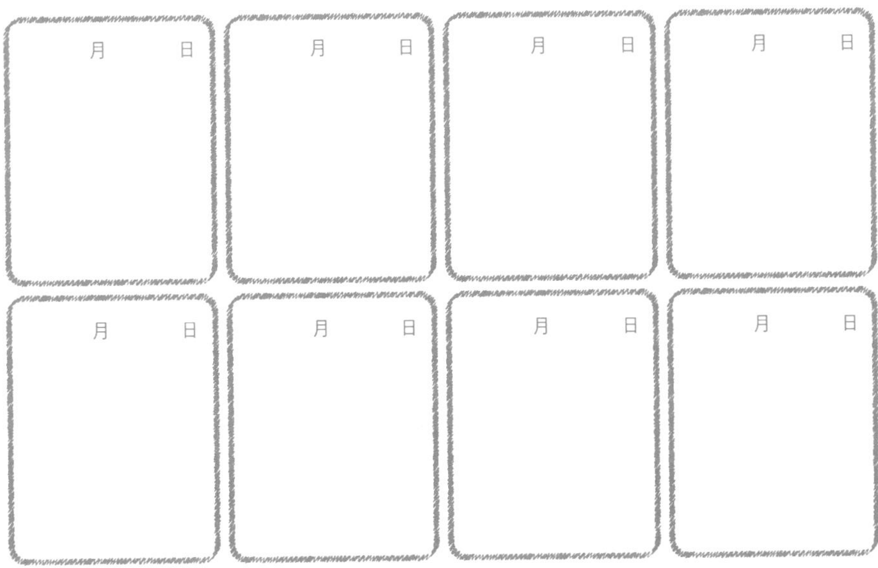

3rd Month～4th Month（自己受容感UPの月）を終えたあなたの「いま、ここ」を可視化します。
あなたの人生にとって大切なことを8つ［　］に書き入れてください。
仕事、恋愛・結婚、人間関係、お金、健康、趣味、学び、家族など自由に項目を立ててみましょう。
次にその8つの項目について、いまの満足度を
10点満点中で何点か採点し、そこに●をつけてください。
8項目のすべてに●をつけたら、それらをすべてつなぎます。

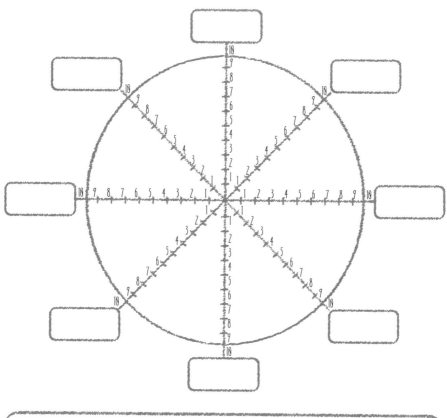

振り返りメモ

5th Month / 6th Month

自己効力感UPの月

月　　　日

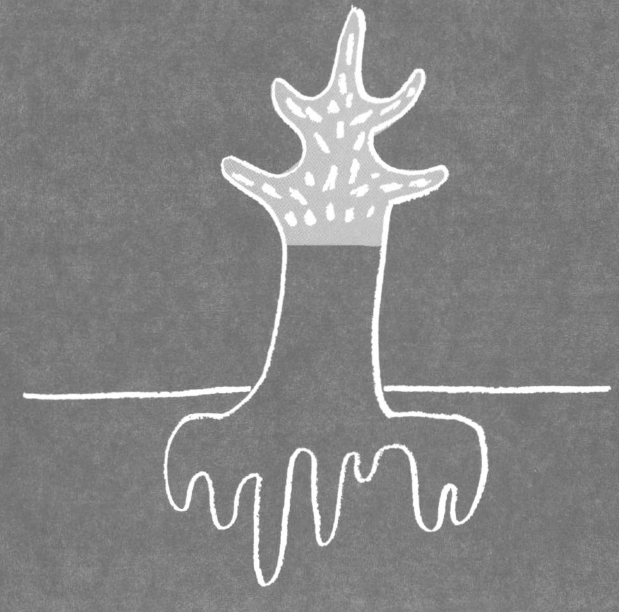

自己効力感（枝）

自分にはできると思える感覚

何らかの問題にぶつかったときも折れない、
しなやかな木の枝のようなもの。
低下した状態だと「自分にはどうせムリ……」と考え、
一歩踏み出す勇気がもてません。

月

5th Month / 5ヵ月目

自己効力感UPの月

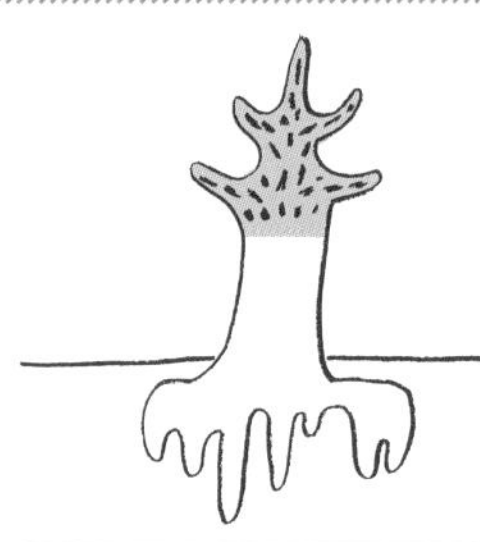

今月のワーク

ライフビジョンチャート
（272ページ）

「ライフチャート」に記載した8項目の未来をカラフルにビジュアル化し、それに近づいていくワークです。

今月のラッキーワード

「ヤッター！」

今月のセルフケア

ジャンプをする

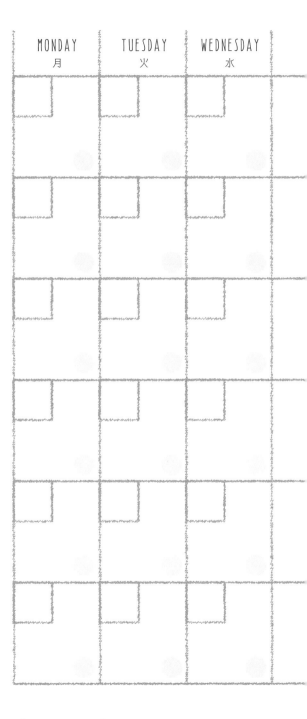

MONDAY 月	TUESDAY 火	WEDNESDAY 水

今月のチャレンジ

THURSDAY 木	FEIDAY 金	SATURDAY 土	SUNDAY 日	エモーショナルスケーリング 0 1 2 3 4 5
				今週の平均点は? 点
				今週の平均点は? 点
				今週の平均点は? 点
				今週の平均点は? 点
				今週の平均点は? 点
				今週の平均点は? 点

1 (　)	2 (　)	3 (　)	4 (　)
AM	AM	AM	AM
PM	PM	PM	PM

9 (　)	10 (　)	11 (　)	12 (　)
AM	AM	AM	AM
PM	PM	PM	PM

「いまからだって、なりたかった自分になれる」
ジョージ・エリオット

5（　）	6（　）	7（　）	8（　）
AM	AM	AM	AM
PM	PM	PM	PM

13（　）	14（　）	15（　）	16（　）
AM	AM	AM	AM
PM	PM	PM	PM

17 (　)	18 (　)	19 (　)	20 (　)
AM	AM	AM	AM
PM	PM	PM	PM

25 (　)	26 (　)	27 (　)	28 (　)
AM	AM	AM	AM
PM	PM	PM	PM

「小さくても実際の行動のほうが、大きな約束より価値があるものよ」
メイ・ウエスト

21 (　)	22 (　)	23 (　)	24 (　)
AM	AM	AM	AM
PM	PM	PM	PM

29 (　)	30 (　)	31 (　)	5th Month 感想
AM	AM	AM	
PM	PM	PM	

HABIT-TRACKER / 習慣トラッカー

1	2	3	4	5	6	7	8	9	10	11	12	13	14	15	16
17	18	19	20	21	22	23	24	25	26	27	28	29	30	31	

1	2	3	4	5	6	7	8	9	10	11	12	13	14	15	16
17	18	19	20	21	22	23	24	25	26	27	28	29	30	31	

1	2	3	4	5	6	7	8	9	10	11	12	13	14	15	16
17	18	19	20	21	22	23	24	25	26	27	28	29	30	31	

1	2	3	4	5	6	7	8	9	10	11	12	13	14	15	16
17	18	19	20	21	22	23	24	25	26	27	28	29	30	31	

今月の本棚

（タイトルをお書きください）

● 1行感想文

1.

2.

3.

4.

5.

6.

7.

8.

9.

10.

今月のチャレンジ

ができた日とシチュエーションを書き込もう♪

月 日	月 日	月 日	月 日
月 日	月 日	月 日	月 日

月

6th Month / 6ヵ月目

自己効力感UPの月

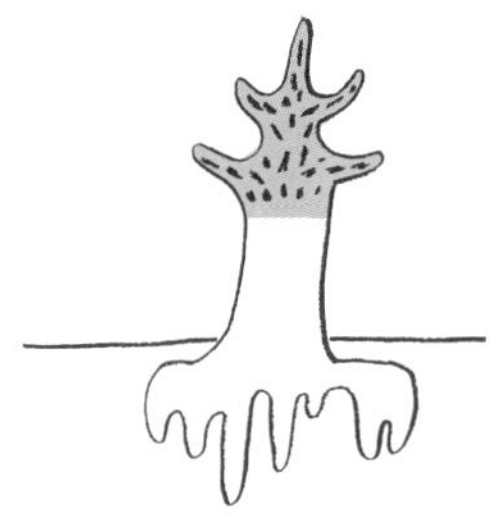

今月のワーク

鏡のワーク（276ページ）

ポジティブなアファメーションワードを使い、1ヵ月かけて潜在意識から変えていくワークです。

今月のラッキーワード

「サクッとやろう！」

今月のセルフケア

すぐ動く

MONDAY 月	TUESDAY 火	WEDNESDAY 水

今月のチャレンジ

THURSDAY 木	FEIDAY 金	SATURDAY 土	SUNDAY 日	エモーショナルスケーリング 0 1 2 3 4 5
				今週の平均点は? 点
				今週の平均点は? 点
				今週の平均点は? 点
				今週の平均点は? 点
				今週の平均点は? 点
				今週の平均点は? 点

1 (　)	2 (　)	3 (　)	4 (　)
AM	AM	AM	AM
PM	PM	PM	PM

9 (　)	10 (　)	11 (　)	12 (　)
AM	AM	AM	AM
PM	PM	PM	PM

「失敗したらがっかりする、でも挑戦しなかったら可能性すらない」
ビヴァリー・シルズ

5 ( )	6 ( )	7 ( )	8 ( )
AM	AM	AM	AM
PM	PM	PM	PM

13 ( )	14 ( )	15 ( )	16 ( )
AM	AM	AM	AM
PM	PM	PM	PM

17 (　)	18 (　)	19 (　)	20 (　)
AM	AM	AM	AM
PM	PM	PM	PM

25 (　)	26 (　)	27 (　)	28 (　)
AM	AM	AM	AM
PM	PM	PM	PM

「幸運は努力がチャンスにめぐりあうこと」
オプラ・ウィンフリー

21（　）	22（　）	23（　）	24（　）
AM	AM	AM	AM
PM	PM	PM	PM

29（　）	30（　）	31（　）	6th Month 感想
AM	AM	AM	
PM	PM	PM	

HABIT-TRACKER / 習慣トラッカー

1	2	3	4	5	6	7	8	9	10	11	12	13	14	15	16
17	18	19	20	21	22	23	24	25	26	27	28	29	30	31	

1	2	3	4	5	6	7	8	9	10	11	12	13	14	15	16
17	18	19	20	21	22	23	24	25	26	27	28	29	30	31	

1	2	3	4	5	6	7	8	9	10	11	12	13	14	15	16
17	18	19	20	21	22	23	24	25	26	27	28	29	30	31	

1	2	3	4	5	6	7	8	9	10	11	12	13	14	15	16
17	18	19	20	21	22	23	24	25	26	27	28	29	30	31	

今月の本棚

（タイトルをお書きください）

1.
2.
3.
4.
5.
6.
7.
8.
9.
10.

1行感想文

1.

2.

3.

4.

5.

6.

7.

8.

9.

10.

今月のチャレンジ

ができた日とシチュエーションを書き込もう♪

月　日	月　日	月　日	月　日
月　日	月　日	月　日	月　日

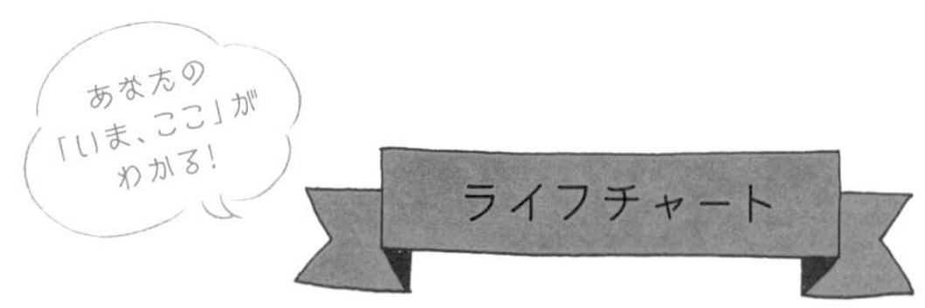

ライフチャート

5th Month～6th Month（自己効力感UPの月）を終えたあなたの「いま、ここ」を可視化します。
あなたの人生にとって大切なことを8つ□に書き入れてください。
仕事、恋愛・結婚、人間関係、お金、健康、趣味、学び、家族など自由に項目を立ててみましょう。
次にその8つの項目について、いまの満足度を
10点満点中で何点か採点し、そこに●をつけてください。
8項目のすべてに●をつけたら、それらをすべてつなぎます。

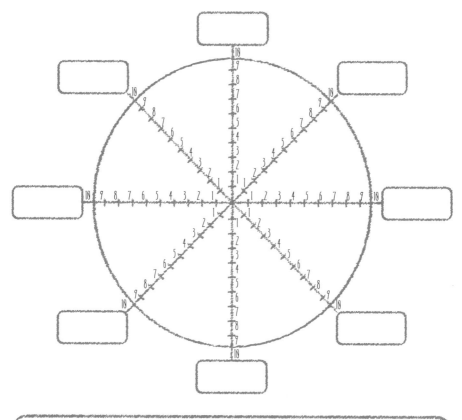

振り返りメモ

7th Month / 8th Month

自己信頼感UPの月

月　　　日

自己信頼感（葉）

自分を信じられる感覚

葉が光合成によって成長するように、
自分を信じることは人生を豊かにする養分となります。
他人の基準ではなく自分の価値観に従うことができます。
この感覚が低下すると、無気力になりがちに。

月

7th Month / 7ヵ月目

自己信頼感UPの月

今月のワーク

イメトレ文章完成ノート
（280ページ）

目標を達成するための具体的なビジョンとノウハウを明らかにし、行動に移させる強力なワークです。

今月のラッキーワード

「もう、や～めた!」

今月のセルフケア

パン!と手を叩く

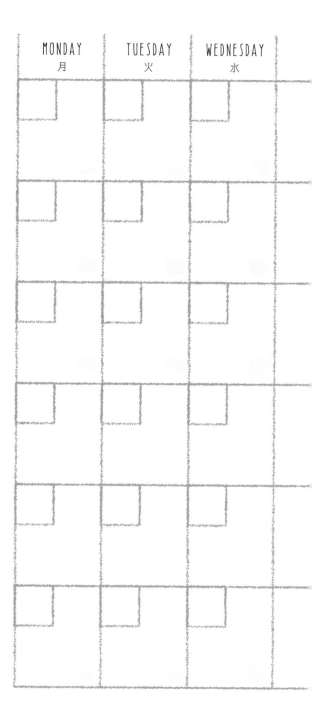

MONDAY 月	TUESDAY 火	WEDNESDAY 水

今月のチャレンジ

THURSDAY 木	FEIDAY 金	SATURDAY 土	SUNDAY 日	エモーションナルスケーリング 0 1 2 3 4 5
				今週の平均点は? 点
				今週の平均点は? 点
				今週の平均点は? 点
				今週の平均点は? 点
				今週の平均点は? 点
				今週の平均点は? 点

1 (　)	2 (　)	3 (　)	4 (　)
AM	AM	AM	AM
PM	PM	PM	PM

9 (　)	10 (　)	11 (　)	12 (　)
AM	AM	AM	AM
PM	PM	PM	PM

「困難なことを成し遂げて、目標を達成した上につくりだす自信は、最高に美しいもの」
マドンナ

5 (　)	6 (　)	7 (　)	8 (　)
AM	AM	AM	AM
PM	PM	PM	PM

13 (　)	14 (　)	15 (　)	16 (　)
AM	AM	AM	AM
PM	PM	PM	PM

17 ( )	18 ( )	19 ( )	20 ( )
AM	AM	AM	AM
PM	PM	PM	PM

25 ( )	26 ( )	27 ( )	28 ( )
AM	AM	AM	AM
PM	PM	PM	PM

「私は、失敗は恐れたことがないの。良いことは、必ず失敗のあとにやってくるものだから」
アン・バクスター

21（　）	22（　）	23（　）	24（　）
AM	AM	AM	AM
PM	PM	PM	PM

29（　）	30（　）	31（　）	7th Month 感想
AM	AM	AM	
PM	PM	PM	

HABIT-TRACKER / 習慣トラッカー

1	2	3	4	5	6	7	8	9	10	11	12	13	14	15	16
17	18	19	20	21	22	23	24	25	26	27	28	29	30	31	

1	2	3	4	5	6	7	8	9	10	11	12	13	14	15	16
17	18	19	20	21	22	23	24	25	26	27	28	29	30	31	

1	2	3	4	5	6	7	8	9	10	11	12	13	14	15	16
17	18	19	20	21	22	23	24	25	26	27	28	29	30	31	

1	2	3	4	5	6	7	8	9	10	11	12	13	14	15	16
17	18	19	20	21	22	23	24	25	26	27	28	29	30	31	

今月の本棚

（タイトルをお書きください）

● 1行感想文

1.

2.

3.

4.

5.

6.

7.

8.

9.

10.

今月のチャレンジ

ができた日とシチュエーションを書き込もう♪

月　日	月　日	月　日	月　日
月　日	月　日	月　日	月　日

月

8th Month / 8ヵ月目

自己信頼感UPの月

今月のワーク

ポジティブ・メンターリスト
（284ページ）

（284ページ）

人生のモデルとなる2人のメンターの生き方を参考にして、充実した毎日を送れるようにするためのワークです。

今月のラッキーワード

「できる、できる」

今月のセルフケア

スマホに触れない時間をつくる

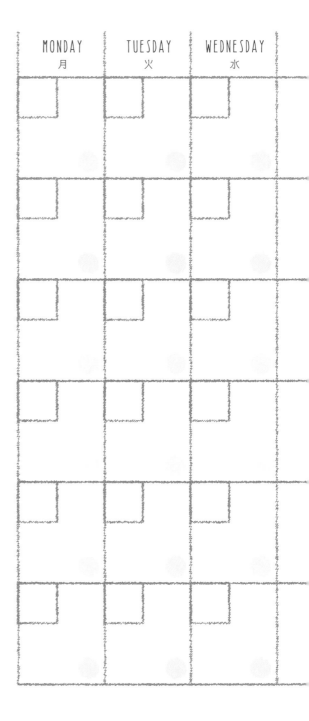

MONDAY 月	TUESDAY 火	WEDNESDAY 水

今月のチャレンジ

THURSDAY 木	FEIDAY 金	SATURDAY 土	SUNDAY 日	エモーショナル スケーリング 0 1 2 3 4 5
				今週の平均点は? 点
				今週の平均点は? 点
				今週の平均点は? 点
				今週の平均点は? 点
				今週の平均点は? 点
				今週の平均点は? 点

1 (　)	2 (　)	3 (　)	4 (　)
AM	AM	AM	AM
PM	PM	PM	PM

9 (　)	10 (　)	11 (　)	12 (　)
AM	AM	AM	AM
PM	PM	PM	PM

「批判はすべて、分厚い“賞賛”のパンにサンドされたもの」
メアリー・ケイ・アッシュ

5 (　)	6 (　)	7 (　)	8 (　)
AM	AM	AM	AM
PM	PM	PM	PM

13 (　)	14 (　)	15 (　)	16 (　)
AM	AM	AM	AM
PM	PM	PM	PM

17 (　)	18 (　)	19 (　)	20 (　)
AM	AM	AM	AM
PM	PM	PM	PM

25 (　)	26 (　)	27 (　)	28 (　)
AM	AM	AM	AM
PM	PM	PM	PM

「20歳の顔は、自然の贈り物。50歳の顔は、あなたの功績」
ココ・シャネル

21 (　)	22 (　)	23 (　)	24 (　)
AM	AM	AM	AM
PM	PM	PM	PM

29 (　)	30 (　)	31 (　)	8th Month 感想
AM	AM	AM	
PM	PM	PM	

HABIT-TRACKER / 習慣トラッカー

1	2	3	4	5	6	7	8	9	10	11	12	13	14	15	16
17	18	19	20	21	22	23	24	25	26	27	28	29	30	31	

1	2	3	4	5	6	7	8	9	10	11	12	13	14	15	16
17	18	19	20	21	22	23	24	25	26	27	28	29	30	31	

1	2	3	4	5	6	7	8	9	10	11	12	13	14	15	16
17	18	19	20	21	22	23	24	25	26	27	28	29	30	31	

1	2	3	4	5	6	7	8	9	10	11	12	13	14	15	16
17	18	19	20	21	22	23	24	25	26	27	28	29	30	31	

今月の本棚

（タイトルをお書きください）

● 1行感想文

1.

2.

3.

4.

5.

6.

7.

8.

9.

10.

今月のチャレンジ

ができた日とシチュエーションを書き込もう♪

月　日	月　日	月　日	月　日
月　日	月　日	月　日	月　日

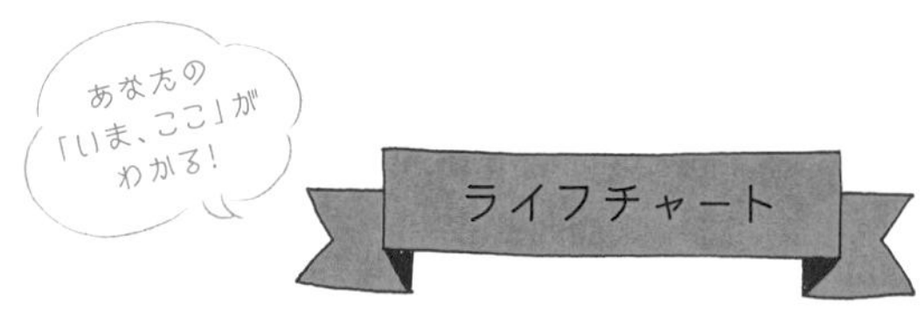

7th Month～8th Month（自己信頼感UPの月）を終えたあなたの「いま、ここ」を可視化します。
あなたの人生にとって大切なことを8つ□に書き入れてください。
仕事、恋愛・結婚、人間関係、お金、健康、趣味、学び、家族など自由に項目を立ててみましょう。
次にその8つの項目について、いまの満足度を
10点満点中で何点か採点し、そこに●をつけてください。
8項目のすべてに●をつけたら、それらをすべてつなぎます。

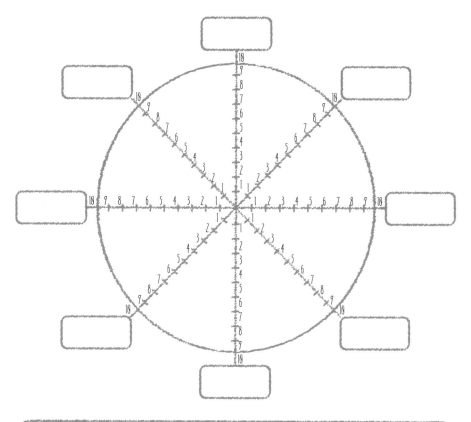

1 2 3 4 5 6 7 8 9 10

振り返りメモ

9th Month / 10th Month

自己決定感UPの月

月　　　日

自己決定感（花）

自分で決定できるという感覚

人生を自分でコントロールできている感覚です。
この感覚は人間の幸福感に大きな影響を及ぼすとされています。
低下すると周囲への依存度が増し、他責思考に陥りがちになります。

月

9th Month / 9ヵ月目

自己決定感UPの月

今月のワーク

タイムマネジメント
(288ページ)

「緊急」で「重要」な事柄とそうでないことをわかりやすく見える化させ、物事を決めやすくするワークです。

今月のラッキーワード

「ま、いっか」

今月のセルフケア

胸を張る

MONDAY 月	TUESDAY 火	WEDNESDAY 水

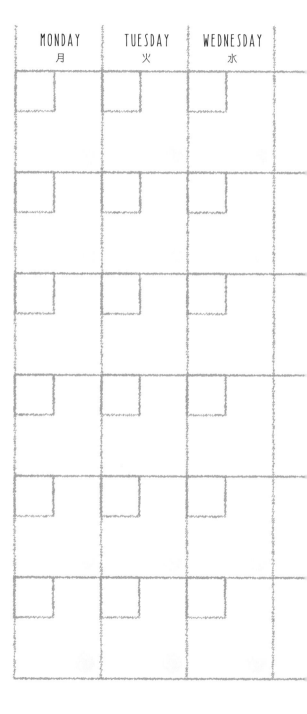

今月のチャレンジ

THURSDAY 木	FEIDAY 金	SATURDAY 土	SUNDAY 日	エモーショナルスケーリング 0 1 2 3 4 5
				今週の平均点は? 点
				今週の平均点は? 点
				今週の平均点は? 点
				今週の平均点は? 点
				今週の平均点は? 点
				今週の平均点は? 点

月

1 (　)	2 (　)	3 (　)	4 (　)
AM	AM	AM	AM
PM	PM	PM	PM

9 (　)	10 (　)	11 (　)	12 (　)
AM	AM	AM	AM
PM	PM	PM	PM

「決めるのは、あなたよ」
映画「プラダを着た悪魔」より

5 (　)	6 (　)	7 (　)	8 (　)
AM	AM	AM	AM
PM	PM	PM	PM

13 (　)	14 (　)	15 (　)	16 (　)
AM	AM	AM	AM
PM	PM	PM	PM

17 (　)	18 (　)	19 (　)	20 (　)
AM	AM	AM	AM
PM	PM	PM	PM

25 (　)	26 (　)	27 (　)	28 (　)
AM	AM	AM	AM
PM	PM	PM	PM

「最後は理論ではない。一瞬のカンです」
緒方貞子

21 (　)	22 (　)	23 (　)	24 (　)
AM	AM	AM	AM
PM	PM	PM	PM

29 (　)	30 (　)	31 (　)	9th Month 感想
AM	AM	AM	
PM	PM	PM	

HABIT-TRACKER / 習慣トラッカー

1	2	3	4	5	6	7	8	9	10	11	12	13	14	15	16
17	18	19	20	21	22	23	24	25	26	27	28	29	30	31	

1	2	3	4	5	6	7	8	9	10	11	12	13	14	15	16
17	18	19	20	21	22	23	24	25	26	27	28	29	30	31	

1	2	3	4	5	6	7	8	9	10	11	12	13	14	15	16
17	18	19	20	21	22	23	24	25	26	27	28	29	30	31	

1	2	3	4	5	6	7	8	9	10	11	12	13	14	15	16
17	18	19	20	21	22	23	24	25	26	27	28	29	30	31	

今月の本棚

（タイトルをお書きください）

- 1行感想文

1.
2.
3.
4.
5.
6.
7.
8.
9.
10.

今月のチャレンジ

ができた日とシチュエーションを書き込もう♪

月　日	月　日	月　日	月　日
月　日	月　日	月　日	月　日

月

10th Month / 10ヵ月目

自己決定感UPの月

今月のワーク

解決ノート（292ページ）

解決したいことに対して周囲にいる人たちからどういう助けが得られるかを明確にしていくワークです。

今月のラッキーワード

「私はコレがいい!」

今月のセルフケア

自分がときめくものに囲まれる

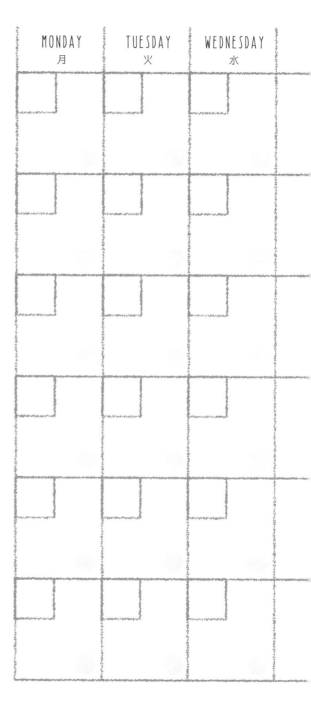

MONDAY 月	TUESDAY 火	WEDNESDAY 水

今月のチャレンジ

THURSDAY 木	FEIDAY 金	SATURDAY 土	SUNDAY 日	エモーショナルスケーリング 0 1 2 3 4 5
				今週の平均点は? 点
				今週の平均点は? 点
				今週の平均点は? 点
				今週の平均点は? 点
				今週の平均点は? 点
				今週の平均点は? 点

1 ( )	2 ( )	3 ( )	4 ( )
AM	AM	AM	AM
PM	PM	PM	PM

9 ( )	10 ( )	11 ( )	12 ( )
AM	AM	AM	AM
PM	PM	PM	PM

「虹が欲しけりゃ、雨はがまんしなきゃ」
ドリー・パートン

5 (　)	6 (　)	7 (　)	8 (　)
AM	AM	AM	AM
PM	PM	PM	PM

13 (　)	14 (　)	15 (　)	16 (　)
AM	AM	AM	AM
PM	PM	PM	PM

17 (　)	18 (　)	19 (　)	20 (　)
AM	AM	AM	AM
PM	PM	PM	PM

25 (　)	26 (　)	27 (　)	28 (　)
AM	AM	AM	AM
PM	PM	PM	PM

「サボればサビる」
ヘレン・ヘイズ

21 (　)	22 (　)	23 (　)	24 (　)
AM	AM	AM	AM
PM	PM	PM	PM

29 (　)	30 (　)	31 (　)	10th Month 感想
AM	AM	AM	
PM	PM	PM	

HABIT-TRACKER / 習慣トラッカー

1	2	3	4	5	6	7	8	9	10	11	12	13	14	15	16
17	18	19	20	21	22	23	24	25	26	27	28	29	30	31	

1	2	3	4	5	6	7	8	9	10	11	12	13	14	15	16
17	18	19	20	21	22	23	24	25	26	27	28	29	30	31	

1	2	3	4	5	6	7	8	9	10	11	12	13	14	15	16
17	18	19	20	21	22	23	24	25	26	27	28	29	30	31	

1	2	3	4	5	6	7	8	9	10	11	12	13	14	15	16
17	18	19	20	21	22	23	24	25	26	27	28	29	30	31	

今月の本棚

（タイトルをお書きください）

・1行感想文

1.

2.

3.

4.

5.

6.

7.

8.

9.

10.

今月のチャレンジ

ができた日とシチュエーションを書き込もう♪

月　日	月　日	月　日	月　日

月　日	月　日	月　日	月　日

9th Month～10th Month（自己決定感UPの月）を終えたあなたの「いま、ここ」を可視化します。
あなたの人生にとって大切なことを8つ［　］に書き入れてください。
仕事、恋愛・結婚、人間関係、お金、健康、趣味、学び、家族など自由に項目を立ててみましょう。
次にその8つの項目について、いまの満足度を
10点満点中で何点か採点し、そこに●をつけてください。
8項目のすべてに●をつけたら、それらをすべてつなぎます。

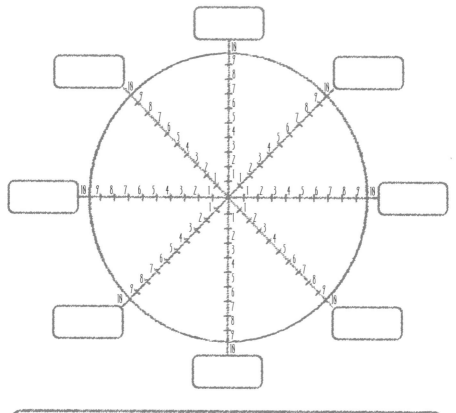

振り返りメモ

11th Month / 12th Month

自己有用感UPの月

月　　　日

自己有用感（実）

自分は何かの役に立っているという感覚

自分が誰かの役に立っていると感じられることは、
頑張るエネルギーになります。
そして人は誰かの役に立ったとき最大の幸福を得られるのです。
つまり、それ自体が甘いご褒美＝“木の実”のようなもの。

月

11th Month / 11ヵ月目

自己有用感UPの月

今月のワーク

バケットリスト(296ページ)

死ぬまでにしたいことをリストにすることで、過去を振り返りいまを確認し未来への具体的な指針を導くワークです。

今月のラッキーワード

「ありがとう!」

今月のセルフケア

自分から歩みよる

MONDAY 月	TUESDAY 火	WEDNESDAY 水

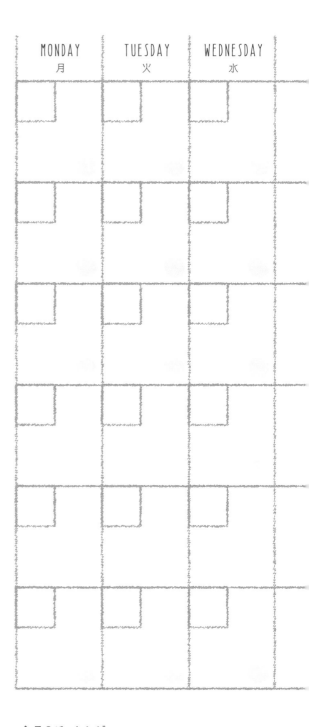

今月のチャレンジ

THURSDAY 木	FEIDAY 金	SATURDAY 土	SUNDAY 日	エモーショナル スケーリング 0 1 2 3 4 5
				今週の平均点は? 点
				今週の平均点は? 点
				今週の平均点は? 点
				今週の平均点は? 点
				今週の平均点は? 点
				今週の平均点は? 点

1 ( )	2 ( )	3 ( )	4 ( )
AM	AM	AM	AM
PM	PM	PM	PM

9 ( )	10 ( )	11 ( )	12 ( )
AM	AM	AM	AM
PM	PM	PM	PM

「幸せな人ってだれも、ほかの人も幸せにするわ」
アンネ・フランク

5 (　)

AM

PM

6 (　)

AM

PM

7 (　)

AM

PM

8 (　)

AM

PM

13 (　)

AM

PM

14 (　)

AM

PM

15 (　)

AM

PM

16 (　)

AM

PM

17 (　)	18 (　)	19 (　)	20 (　)
AM	AM	AM	AM
PM	PM	PM	PM

25 (　)	26 (　)	27 (　)	28 (　)
AM	AM	AM	AM
PM	PM	PM	PM

「美しい人であるためには、他人の美点を探すこと。美しい唇であるためには、美しい言葉を使うこと。」
オードリー・ヘップバーン

21 (　)	22 (　)	23 (　)	24 (　)
AM	AM	AM	AM
PM	PM	PM	PM

29 (　)	30 (　)	31 (　)	11th Month 感想
AM	AM	AM	
PM	PM	PM	

HABIT-TRACKER / 習慣トラッカー

1	2	3	4	5	6	7	8	9	10	11	12	13	14	15	16
17	18	19	20	21	22	23	24	25	26	27	28	29	30	31	

1	2	3	4	5	6	7	8	9	10	11	12	13	14	15	16
17	18	19	20	21	22	23	24	25	26	27	28	29	30	31	

1	2	3	4	5	6	7	8	9	10	11	12	13	14	15	16
17	18	19	20	21	22	23	24	25	26	27	28	29	30	31	

1	2	3	4	5	6	7	8	9	10	11	12	13	14	15	16
17	18	19	20	21	22	23	24	25	26	27	28	29	30	31	

今月の本棚

（タイトルをお書きください）

・1行感想文

1.

2.

3.

4.

5.

6.

7.

8.

9.

10.

今月のチャレンジ

ができた日とシチュエーションを書き込もう♪

月　日	月　日	月　日	月　日
月　日	月　日	月　日	月　日

月

12th Month / 12ヵ月目

自己有用感UPの月

今月のワーク

グレイトフルメッセージ
（300ページ）

いままでの人生であなたがもっとも感謝を伝えたい人に手紙を書くように感謝の気持ちを書き出すワークです。

今月のラッキーワード

「ギブ&ギブ!」

今月のセルフケア

花を飾る／植物を育てる

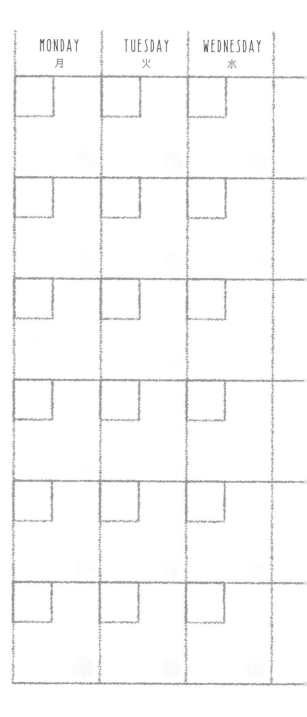

MONDAY 月	TUESDAY 火	WEDNESDAY 水

今月のチャレンジ

THURSDAY 木	FEIDAY 金	SATURDAY 土	SUNDAY 日	エモーショナル スケーリング 0 1 2 3 4 5
				今週の平均点は? 点
				今週の平均点は? 点
				今週の平均点は? 点
				今週の平均点は? 点
				今週の平均点は? 点
				今週の平均点は? 点

1 (　)	2 (　)	3 (　)	4 (　)
AM	AM	AM	AM
PM	PM	PM	PM

9 (　)	10 (　)	11 (　)	12 (　)
AM	AM	AM	AM
PM	PM	PM	PM

「今日はいままでしなかったことをしましょう」
映画「ティファニーで朝食を」より

5 (　)	6 (　)	7 (　)	8 (　)
AM	AM	AM	AM
PM	PM	PM	PM

13 (　)	14 (　)	15 (　)	16 (　)
AM	AM	AM	AM
PM	PM	PM	PM

17 (　)	18 (　)	19 (　)	20 (　)
AM	AM	AM	AM
PM	PM	PM	PM

25 (　)	26 (　)	27 (　)	28 (　)
AM	AM	AM	AM
PM	PM	PM	PM

「人生に必要なのは、何回呼吸するのかではなく、何度息をのむほどの瞬間に会えるかよ」
ビヨンセ

21 (　)	22 (　)	23 (　)	24 (　)
AM	AM	AM	AM
PM	PM	PM	PM

29 (　)	30 (　)	31 (　)	12th Month 感想
AM	AM	AM	
PM	PM	PM	

HABIT-TRACKER / 習慣トラッカー

1	2	3	4	5	6	7	8	9	10	11	12	13	14	15	16
17	18	19	20	21	22	23	24	25	26	27	28	29	30	31	

1	2	3	4	5	6	7	8	9	10	11	12	13	14	15	16
17	18	19	20	21	22	23	24	25	26	27	28	29	30	31	

1	2	3	4	5	6	7	8	9	10	11	12	13	14	15	16
17	18	19	20	21	22	23	24	25	26	27	28	29	30	31	

1	2	3	4	5	6	7	8	9	10	11	12	13	14	15	16
17	18	19	20	21	22	23	24	25	26	27	28	29	30	31	

今月の本棚

（タイトルをお書きください）

・1行感想文

1.
2.
3.
4.
5.
6.
7.
8.
9.
10.

今月のチャレンジ

ができた日とシチュエーションを書き込もう♪

月　日	月　日	月　日	月　日
月　日	月　日	月　日	月　日

11th Month～12th Month（自己有用感UPの月）を終えたあなたの「いま、ここ」を可視化します。
あなたの人生にとって大切なことを8つ□に書き入れてください。
仕事、恋愛・結婚、人間関係、お金、健康、趣味、学び、家族など自由に項目を立ててみましょう。
次にその8つの項目について、いまの満足度を
10点満点中で何点か採点し、そこに●をつけてください。
8項目のすべてに●をつけたら、それらをすべてつなぎます。

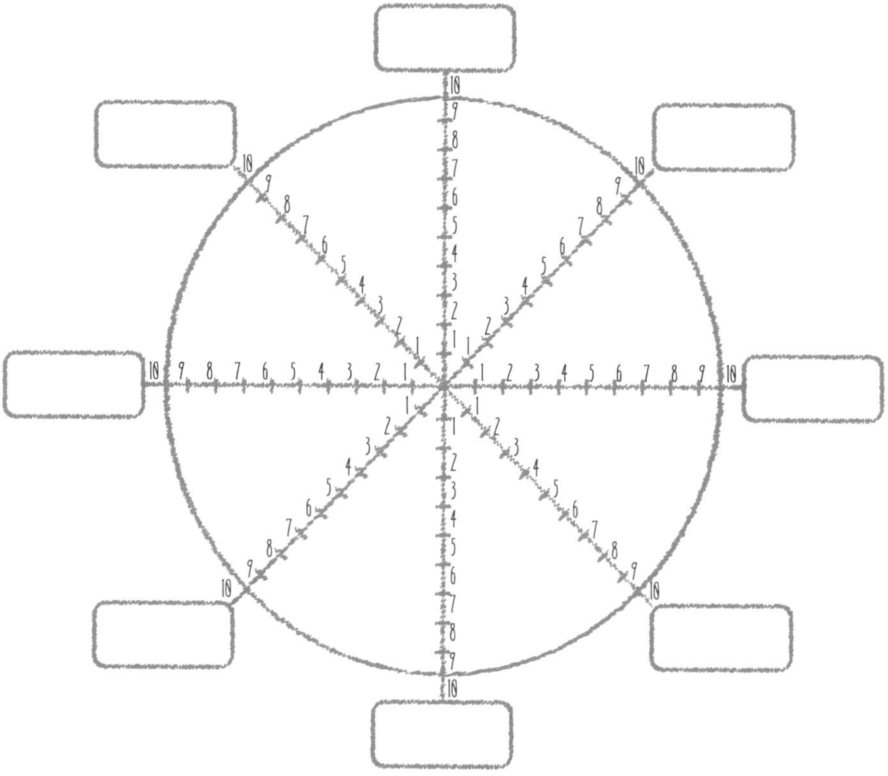

振り返りメモ

自己肯定感Diary ワンデーページ

365日、書くのがどんどん楽しくなる

「ワンデーページ」は、自由に書き込める365日の日記ページです。
科学的に効果が実証されている
「3 GOOD THINGS」の欄がありますので、
ぜひ毎日その日あったいいことを3つ書いてみましょう。
1週間ごとに「自己肯定感が高まる魔法の質問」も用意しました。
ワクワクや気づきを与える質問です。
楽しんで書いてみてください。

ワンデーページの使い方

その日のことを自由に書き込める365日の日記ページです。
何を書いたらいいかわからないという人は、
ぜひ次ページの書き方を参考にしてください。
また、科学的に効果が実証されている「3 GOOD THINGS」の欄に
ぜひ、その日あったいいことを3つ書いてみましょう。
いいことを書くことで、脳がポジティブなものに目を向けやすくなります。

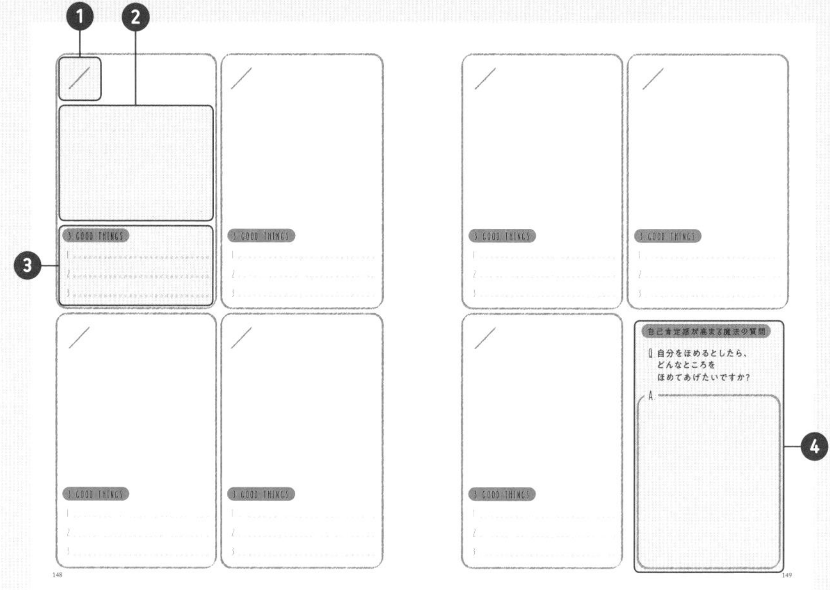

1. 「日付」を記入してください。
2. 自由に書き込みましょう。何を書いたらいいかわからないという人は、次ページの書き方を参考にしてください。ときにはお休みをしてもいいですし、「〇×△」といった記号でもOKです。書いてて楽しいという気持ちを優先してください。
3. その日あったいいことを3つ書いてみましょう。よく、「書くようないいことがない」という方がいますが、そんな日は、「朝、起きた」「お昼ご飯を食べた」といったことでもいいのです。
4. 1週間ごとに「自己肯定感が高まる魔法の質問」も用意しました。ワクワクや気づきを与えてくれる質問です。楽しんで書いてみてください。

ワンデーページの書き方

何を書いていいかわからないという人は
ぜひ次の項目を参考にしてみてください。

1. 何を食べたか／体重／体温

ダイエットしたい人や健康管理をしたい人におすすめの項目です。朝、体重を測って毎日記入すれば体重が増えた日はランチを軽めにしようなどと、その日の予定を決められます。何を食べたか書いていれば、体重が増えた原因がわかります。体温を測って書いておけば、平熱がわかり、体調管理ができるようになります。

2. あらかじめカテゴライズしておく

月曜日は仕事について、火曜日は家族について、水曜日は恋愛についてなど、曜日によってあらかじめ書くことをカテゴライズしておきます。カテゴライズしておくことで、何を書くか悩まずにすみます。もちろん書きたいことがある日はこのカテゴライズを無視してもいいでしょう。

3. 感動した映画／番組／音楽など

自分が感動した映画やテレビ番組、インターネット番組、音楽などについて書き留めておきます。こうすることで、あとで読み返したときに、自分はこんなことに感動するんだという感動のストックが溜まります。人生、感動することほどの喜びはありません。

4. 感謝していること

感謝することは研究でさまざまな効果があることが明らかになっています。自己肯定感が高まり、ストレスが減り、寝つきがよくなることまで証明されています。オプラ・ウィンフリーやトニー・ロビンズなど感謝していることを書くことを日課にしている人はたくさんいます。小さなことでOKです。何かへの感謝を書き留めてみてください。

まとめ

何を書いたらいいか悩んだら、「体調にかかわること」
「あらかじめカテゴライズしていたこと」「感動したもの」
「感謝していること」を書いてみる

/

3 GOOD THINGS

1

2

3

/

3 GOOD THINGS

1

2

3

/

3 GOOD THINGS

1

2

3

/

3 GOOD THINGS

1

2

3

自己肯定感
diary

ご購入者限定１２大特典プレゼント！

運命は100%
習慣で変わる

中島輝からのメッセージ

このダイアリーがあなたのそばにあれば、
何があっても「大丈夫」と思えるようになります。
そして、運命があなたの望む方向へ100%変わります。

中島輝

自己肯定感アカデミー/torie

自己肯定感 diary

ご購入者限定

１２大特典プレゼント！

特典1：自己肯定感 Diaryマンスリーページ PDF
特典2：自己肯定感 Diaryウィークリーページ PDF
特典3：自己肯定感 Diaryワンデーページ PDF
特典4：自己肯定感 Work PDF
特典5：１２ヶ月日めくりカレンダー
特典6：元気が出る言葉シート
特典7：勇気が出るコツシート
特典8：癒される言葉シート
特典9：目標達成シート
特典10：朝やる自己肯定感が高まる１２の習慣チェックリスト
特典11：昼やる自己肯定感が高まる１２の習慣チェックリスト
特典12：夜やる自己肯定感が高まる１２の習慣チェックリスト

購入者限定１２大特典はこちらから受け取れます！

特典を受け取るための合言葉は

「しゅうかん」

お問い合わせ先：info@toriestyle.com

/

3 GOOD THINGS

1

2

3

/

3 GOOD THINGS

1

2

3

/

3 GOOD THINGS

1

2

3

自己肯定感が高まる魔法の質問

Q. 何の制限もないとしたら
あなたが最高に
ワクワクすることはなんですか?

A.

3 GOOD THINGS

1

2

3

3 GOOD THINGS

1

2

3

3 GOOD THINGS

1

2

3

3 GOOD THINGS

1

2

3

/

3 GOOD THINGS

1

2

3

/

3 GOOD THINGS

1

2

3

/

3 GOOD THINGS

1

2

3

自己肯定感が高まる魔法の質問

Q. あなたが人から言われて
「うれしい!」と感じる言葉は
なんですか?

A.

3 GOOD THINGS

1

2

3

3 GOOD THINGS

1

2

3

3 GOOD THINGS

1

2

3

3 GOOD THINGS

1

2

3

3 GOOD THINGS

1

2

3

3 GOOD THINGS

1

2

3

3 GOOD THINGS

1

2

3

自己肯定感が高まる魔法の質問

Q. あなたがこれだけは
ゆずれないと思う
大切なことはなんですか?

A.

3 GOOD THINGS

1

2

3

3 GOOD THINGS

1

2

3

3 GOOD THINGS

1

2

3

3 GOOD THINGS

1

2

3

3 GOOD THINGS

1

2

3

3 GOOD THINGS

1

2

3

3 GOOD THINGS

1

2

3

自己肯定感が高まる魔法の質問

Q. あなたはどんな人と
一緒にいたら
最高に楽しいですか?

A.

3 GOOD THINGS

1

2

3

3 GOOD THINGS

1

2

3

3 GOOD THINGS

1

2

3

3 GOOD THINGS

1

2

3

3 GOOD THINGS

1

2

3

3 GOOD THINGS

1

2

3

3 GOOD THINGS

1

2

3

自己肯定感が高まる魔法の質問

Q. 何の制限もないとしたら
どこに旅行に行きたいですか?
それはなぜですか?

A.

3 GOOD THINGS

1

2

3

3 GOOD THINGS

1

2

3

3 GOOD THINGS

1

2

3

3 GOOD THINGS

1

2

3

/

3 GOOD THINGS

1
2
3

/

3 GOOD THINGS

1
2
3

/

3 GOOD THINGS

1
2
3

自己肯定感が高まる魔法の質問

Q. どんな服も着こなせるとしたら
どんなオシャレをしたいですか？

A.

3 GOOD THINGS

1

2

3

3 GOOD THINGS

1

2

3

3 GOOD THINGS

1

2

3

3 GOOD THINGS

1

2

3

3 GOOD THINGS

1

2

3

3 GOOD THINGS

1

2

3

3 GOOD THINGS

1

2

3

自己肯定感が高まる魔法の質問

Q. 生活のために
働く必要がなかったら
何をして楽しみたいですか?

A.

/

3 GOOD THINGS

1

2

3

/

3 GOOD THINGS

1

2

3

/

3 GOOD THINGS

1

2

3

/

3 GOOD THINGS

1

2

3

3 GOOD THINGS

1

2

3

3 GOOD THINGS

1

2

3

3 GOOD THINGS

1

2

3

自己肯定感が高まる魔法の質問

Q. もし生まれ変われるとしたら誰になりたいですか?

A.

3 GOOD THINGS

1

2

3

3 GOOD THINGS

1

2

3

3 GOOD THINGS

1

2

3

3 GOOD THINGS

1

2

3

/

3 GOOD THINGS

1

2

3

/

3 GOOD THINGS

1

2

3

/

3 GOOD THINGS

1

2

3

自己肯定感が高まる魔法の質問

Q. いま何がなくなれば
自由で幸せになれますか？

A.

3 GOOD THINGS

1

2

3

3 GOOD THINGS

1

2

3

3 GOOD THINGS

1

2

3

3 GOOD THINGS

1

2

3

3 GOOD THINGS

1

2

3

3 GOOD THINGS

1

2

3

3 GOOD THINGS

1

2

3

自己肯定感が高まる魔法の質問

Q. あなたの毎日の楽しみは何ですか?

A.

/

3 GOOD THINGS

1

2

3

/

3 GOOD THINGS

1

2

3

/

3 GOOD THINGS

1

2

3

/

3 GOOD THINGS

1

2

3

3 GOOD THINGS

1

2

3

3 GOOD THINGS

1

2

3

3 GOOD THINGS

1

2

3

自己肯定感が高まる魔法の質問

Q. あなたの理想とする
1日のライフスタイルは
どういうものですか?

A.

3 GOOD THINGS

1

2

3

3 GOOD THINGS

1

2

3

3 GOOD THINGS

1

2

3

3 GOOD THINGS

1

2

3

/

3 GOOD THINGS

1

2

3

/

3 GOOD THINGS

1

2

3

/

3 GOOD THINGS

1

2

3

自己肯定感が高まる魔法の質問

Q. あなたはどんなことをすれば元気をチャージできますか?

A.

/

3 GOOD THINGS

1

2

3

/

3 GOOD THINGS

1

2

3

/

3 GOOD THINGS

1

2

3

/

3 GOOD THINGS

1

2

3

/

3 GOOD THINGS

1

2

3

/

3 GOOD THINGS

1

2

3

/

3 GOOD THINGS

1

2

3

自己肯定感が高まる魔法の質問

Q. もし自由に
お金と時間を使えるとしたら
何をしたいですか?

A.

/

3 GOOD THINGS

1

2

3

/

3 GOOD THINGS

1

2

3

/

3 GOOD THINGS

1

2

3

/

3 GOOD THINGS

1

2

3

3 GOOD THINGS

1

2

3

3 GOOD THINGS

1

2

3

3 GOOD THINGS

1

2

3

自己肯定感が高まる魔法の質問

Q. 目標が達成されたら、
自分自身に
どんなお祝いをしたいですか?

A.

3 GOOD THINGS

1

2

3

3 GOOD THINGS

1

2

3

3 GOOD THINGS

1

2

3

3 GOOD THINGS

1

2

3

/

3 GOOD THINGS

1

2

3

/

3 GOOD THINGS

1

2

3

/

3 GOOD THINGS

1

2

3

自己肯定感が高まる魔法の質問

Q. あなたが無駄だと
思っていることは何ですか?
どうすればなくせますか?

A.

3 GOOD THINGS

1

2

3

3 GOOD THINGS

1

2

3

3 GOOD THINGS

1

2

3

3 GOOD THINGS

1

2

3

/

3 GOOD THINGS

1

2

3

/

3 GOOD THINGS

1

2

3

/

3 GOOD THINGS

1

2

3

自己肯定感が高まる魔法の質問

Q. あなたが身軽になるために
何かを捨てるとしたら
何を捨てますか?

A.

3 GOOD THINGS

1

2

3

3 GOOD THINGS

1

2

3

3 GOOD THINGS

1

2

3

3 GOOD THINGS

1

2

3

/

3 GOOD THINGS

1

2

3

/

3 GOOD THINGS

1

2

3

/

3 GOOD THINGS

1

2

3

自己肯定感が高まる魔法の質問

Q. 健康でいるために
心がけていることはなんですか?

A.

3 GOOD THINGS

1

2

3

3 GOOD THINGS

1

2

3

3 GOOD THINGS

1

2

3

3 GOOD THINGS

1

2

3

/

3 GOOD THINGS

1

2

3

/

3 GOOD THINGS

1

2

3

/

3 GOOD THINGS

1

2

3

自己肯定感が高まる魔法の質問

Q.笑いは足りていますか?
あなたが笑えることは
なんですか?

A.

3 GOOD THINGS

1

2

3

3 GOOD THINGS

1

2

3

3 GOOD THINGS

1

2

3

3 GOOD THINGS

1

2

3

/

3 GOOD THINGS

1

2

3

/

3 GOOD THINGS

1

2

3

/

3 GOOD THINGS

1

2

3

自己肯定感が高まる魔法の質問

Q. あなたにとって
快適な空間をつくれるとしたら
それはどんな部屋ですか?

A.

/

3 GOOD THINGS

1

2

3

/

3 GOOD THINGS

1

2

3

/

3 GOOD THINGS

1

2

3

/

3 GOOD THINGS

1

2

3

/

3 GOOD THINGS

1

2

3

/

3 GOOD THINGS

1

2

3

/

3 GOOD THINGS

1

2

3

自己肯定感が高まる魔法の質問

Q. 自分1人の時間を
どこで過ごすことが好きですか?

A.

/

3 GOOD THINGS

1

2

3

/

3 GOOD THINGS

1

2

3

/

3 GOOD THINGS

1

2

3

/

3 GOOD THINGS

1

2

3

3 GOOD THINGS

1

2

3

3 GOOD THINGS

1

2

3

3 GOOD THINGS

1

2

3

自己肯定感が高まる魔法の質問

Q.栄養を考えて
食事を摂るとしたら
どんな食事を心がけますか?

A.

3 GOOD THINGS

1

2

3

3 GOOD THINGS

1

2

3

3 GOOD THINGS

1

2

3

3 GOOD THINGS

1

2

3

/

3 GOOD THINGS

1

2

3

/

3 GOOD THINGS

1

2

3

/

3 GOOD THINGS

1

2

3

自己肯定感が高まる魔法の質問

Q. 1日のなかで
あなたがいちばん好きな時間は
いつですか?

A.

3 GOOD THINGS

1

2

3

3 GOOD THINGS

1

2

3

3 GOOD THINGS

1

2

3

3 GOOD THINGS

1

2

3

/

3 GOOD THINGS

1

2

3

/

3 GOOD THINGS

1

2

3

/

3 GOOD THINGS

1

2

3

自己肯定感が高まる魔法の質問

Q. あなたがほっとできるのは
どんなときですか?

A.

3 GOOD THINGS

1

2

3

3 GOOD THINGS

1

2

3

3 GOOD THINGS

1

2

3

3 GOOD THINGS

1

2

3

/

3 GOOD THINGS

1

2

3

/

3 GOOD THINGS

1

2

3

/

3 GOOD THINGS

1

2

3

自己肯定感が高まる魔法の質問

Q. もし1ヵ月休みがあったなら
何をしますか?

A.

3 GOOD THINGS

1

2

3

3 GOOD THINGS

1

2

3

3 GOOD THINGS

1

2

3

3 GOOD THINGS

1

2

3

3 GOOD THINGS

1

2

3

3 GOOD THINGS

1

2

3

3 GOOD THINGS

1

2

3

自己肯定感が高まる魔法の質問

Q. あなたが憧れる人は
誰ですか?
なぜ憧れるのですか?

A.

/

3 GOOD THINGS

1

2

3

/

3 GOOD THINGS

1

2

3

/

3 GOOD THINGS

1

2

3

/

3 GOOD THINGS

1

2

3

/

3 GOOD THINGS

1

2

3

/

3 GOOD THINGS

1

2

3

/

3 GOOD THINGS

1

2

3

自己肯定感が高まる魔法の質問

Q. あなたがいま
いちばん食べたいものは何ですか?
どうすれば食べられますか?

A.

3 GOOD THINGS

1

2

3

3 GOOD THINGS

1

2

3

3 GOOD THINGS

1

2

3

3 GOOD THINGS

1

2

3

/

3 GOOD THINGS

1

2

3

/

3 GOOD THINGS

1

2

3

/

3 GOOD THINGS

1

2

3

自己肯定感が高まる魔法の質問

Q. あなたがいちばん好きな
映画のタイトルは何ですか?
その理由は?

A.

/

3 GOOD THINGS

1

2

3

/

3 GOOD THINGS

1

2

3

/

3 GOOD THINGS

1

2

3

/

3 GOOD THINGS

1

2

3

/

3 GOOD THINGS

1

2

3

/

3 GOOD THINGS

1

2

3

/

3 GOOD THINGS

1

2

3

自己肯定感が高まる魔法の質問

Q. あなたが人生のなかで
大切にしたい価値感とは
なんですか?

A.

/

3 GOOD THINGS

1

2

3

/

3 GOOD THINGS

1

2

3

/

3 GOOD THINGS

1

2

3

/

3 GOOD THINGS

1

2

3

/

3 GOOD THINGS

1

2

3

/

3 GOOD THINGS

1

2

3

/

3 GOOD THINGS

1

2

3

自己肯定感が高まる魔法の質問

Q. あなたが尊敬する人は
誰ですか？
なぜ尊敬するのですか？

A.

/

3 GOOD THINGS

1

2

3

/

3 GOOD THINGS

1

2

3

/

3 GOOD THINGS

1

2

3

/

3 GOOD THINGS

1

2

3

3 GOOD THINGS

1

2

3

3 GOOD THINGS

1

2

3

3 GOOD THINGS

1

2

3

自己肯定感が高まる魔法の質問

Q. あなたが決断するときに
大切にしていることは
何ですか?

A.

/

3 GOOD THINGS

1

2

3

/

3 GOOD THINGS

1

2

3

/

3 GOOD THINGS

1

2

3

/

3 GOOD THINGS

1

2

3

3 GOOD THINGS

1

2

3

3 GOOD THINGS

1

2

3

3 GOOD THINGS

1

2

3

自己肯定感が高まる魔法の質問

Q. 自分をほめてあげるとしたら
どんなところをほめますか？

A.

/

3 GOOD THINGS

1

2

3

/

3 GOOD THINGS

1

2

3

/

3 GOOD THINGS

1

2

3

/

3 GOOD THINGS

1

2

3

3 GOOD THINGS

1

2

3

3 GOOD THINGS

1

2

3

3 GOOD THINGS

1

2

3

自己肯定感が高まる魔法の質問

Q. 目の前の相手を
楽しませるために
あなたは何をしますか?

A.

/

3 GOOD THINGS

1

2

3

/

3 GOOD THINGS

1

2

3

/

3 GOOD THINGS

1

2

3

/

3 GOOD THINGS

1

2

3

/

3 GOOD THINGS

1

2

3

/

3 GOOD THINGS

1

2

3

/

3 GOOD THINGS

1

2

3

自己肯定感が高まる魔法の質問

Q. あなたの座右の銘は何ですか?
それはなぜですか?

A.

/

3 GOOD THINGS

1

2

3

/

3 GOOD THINGS

1

2

3

/

3 GOOD THINGS

1

2

3

/

3 GOOD THINGS

1

2

3

3 GOOD THINGS

1

2

3

3 GOOD THINGS

1

2

3

3 GOOD THINGS

1

2

3

自己肯定感が高まる魔法の質問

Q. いまのあなたにとって
いちばん大切なことは何ですか?

A.

3 GOOD THINGS

1

2

3

3 GOOD THINGS

1

2

3

3 GOOD THINGS

1

2

3

3 GOOD THINGS

1

2

3

3 GOOD THINGS

1

2

3

3 GOOD THINGS

1

2

3

3 GOOD THINGS

1

2

3

自己肯定感が高まる魔法の質問

Q. 今日、何に感動しましたか?

A.

/

3 GOOD THINGS

1

2

3

/

3 GOOD THINGS

1

2

3

/

3 GOOD THINGS

1

2

3

/

3 GOOD THINGS

1

2

3

3 GOOD THINGS

1

2

3

3 GOOD THINGS

1

2

3

3 GOOD THINGS

1

2

3

自己肯定感が高まる魔法の質問

Q. あなたがどうしても
守りたいものとは何ですか?

A.

3 GOOD THINGS

1

2

3

3 GOOD THINGS

1

2

3

3 GOOD THINGS

1

2

3

3 GOOD THINGS

1

2

3

3 GOOD THINGS

1

2

3

3 GOOD THINGS

1

2

3

3 GOOD THINGS

1

2

3

自己肯定感が高まる魔法の質問

Q. あなたはどんなときに
生きていると実感しますか？

A.

/

3 GOOD THINGS

1

2

3

/

3 GOOD THINGS

1

2

3

/

3 GOOD THINGS

1

2

3

/

3 GOOD THINGS

1

2

3

/

3 GOOD THINGS

1

2

3

/

3 GOOD THINGS

1

2

3

/

3 GOOD THINGS

1

2

3

自己肯定感が高まる魔法の質問

Q. あなたがいちばん夢中になれる瞬間はいつですか?

A.

/

3 GOOD THINGS

1

2

3

/

3 GOOD THINGS

1

2

3

/

3 GOOD THINGS

1

2

3

/

3 GOOD THINGS

1

2

3

3 GOOD THINGS

1

2

3

3 GOOD THINGS

1

2

3

3 GOOD THINGS

1

2

3

自己肯定感が高まる魔法の質問

Q. あなたのパワーの源は
なんですか?

A.

/

3 GOOD THINGS

1

2

3

/

3 GOOD THINGS

1

2

3

/

3 GOOD THINGS

1

2

3

/

3 GOOD THINGS

1

2

3

/

3 GOOD THINGS

1

2

3

/

3 GOOD THINGS

1

2

3

/

3 GOOD THINGS

1

2

3

自己肯定感が高まる魔法の質問

Q. あなたは自分に正直に
生きていますか?
どうすれば正直になれますか?

A.

3 GOOD THINGS

1

2

3

3 GOOD THINGS

1

2

3

3 GOOD THINGS

1

2

3

3 GOOD THINGS

1

2

3

3 GOOD THINGS

1

2

3

3 GOOD THINGS

1

2

3

3 GOOD THINGS

1

2

3

自己肯定感が高まる魔法の質問

Q. あなたはどんなときに
いちばん自由を感じますか?

A.

/

3 GOOD THINGS

1

2

3

/

3 GOOD THINGS

1

2

3

/

3 GOOD THINGS

1

2

3

/

3 GOOD THINGS

1

2

3

3 GOOD THINGS

1

2

3

3 GOOD THINGS

1

2

3

3 GOOD THINGS

1

2

3

自己肯定感が高まる魔法の質問

Q. 自分に対して
優しい言葉をかけるとしたら
どんな言葉をかけますか?

A.

/

3 GOOD THINGS

1

2

3

/

3 GOOD THINGS

1

2

3

/

3 GOOD THINGS

1

2

3

/

3 GOOD THINGS

1

2

3

3 GOOD THINGS

1

2

3

3 GOOD THINGS

1

2

3

3 GOOD THINGS

1

2

3

自己肯定感が高まる魔法の質問

Q. あなたが人生やプライベートで望んでいることはなんですか?

A.

3 GOOD THINGS

1

2

3

3 GOOD THINGS

1

2

3

3 GOOD THINGS

1

2

3

3 GOOD THINGS

1

2

3

3 GOOD THINGS

1

2

3

3 GOOD THINGS

1

2

3

3 GOOD THINGS

1

2

3

自己肯定感が高まる魔法の質問

Q. 新たに挑戦してみたいこと、
やりたいことは何ですか?

A.

/

3 GOOD THINGS

1

2

3

/

3 GOOD THINGS

1

2

3

/

3 GOOD THINGS

1

2

3

/

3 GOOD THINGS

1

2

3

/

3 GOOD THINGS

1

2

3

/

3 GOOD THINGS

1

2

3

/

3 GOOD THINGS

1

2

3

自己肯定感が高まる魔法の質問

Q. いまあなたがいちばんやりたいと思っていることは何ですか?

A.

3 GOOD THINGS

1

2

3

3 GOOD THINGS

1

2

3

3 GOOD THINGS

1

2

3

3 GOOD THINGS

1

2

3

/

3 GOOD THINGS

1

2

3

/

3 GOOD THINGS

1

2

3

/

3 GOOD THINGS

1

2

3

自己肯定感が高まる魔法の質問

Q. あなたが思う最高の1日とは
どんな1日ですか?

A.

/

3 GOOD THINGS

1

2

3

/

3 GOOD THINGS

1

2

3

/

3 GOOD THINGS

1

2

3

/

3 GOOD THINGS

1

2

3

3 GOOD THINGS

1

2

3

3 GOOD THINGS

1

2

3

3 GOOD THINGS

1

2

3

自己肯定感が高まる魔法の質問

Q. 完璧な人生を
つくることができるとしたら
それはどんな人生ですか？

A.

3 GOOD THINGS

1

2

3

3 GOOD THINGS

1

2

3

3 GOOD THINGS

1

2

3

3 GOOD THINGS

1

2

3

3 GOOD THINGS

1

2

3

3 GOOD THINGS

1

2

3

3 GOOD THINGS

1

2

3

自己肯定感が高まる魔法の質問

Q. あなたがいちばん手に入れたいと
思っているものは
本当は何ですか？

A.

3 GOOD THINGS

1

2

3

3 GOOD THINGS

1

2

3

3 GOOD THINGS

1

2

3

3 GOOD THINGS

1

2

3

/

3 GOOD THINGS

1

2

3

/

3 GOOD THINGS

1

2

3

/

3 GOOD THINGS

1

2

3

自己肯定感が高まる魔法の質問

Q. よく頑張った自分に
感謝の言葉をかけるとしたら
なんと声をかけますか?

A.

3 GOOD THINGS

1

2

3

3 GOOD THINGS

1

2

3

3 GOOD THINGS

1

2

3

3 GOOD THINGS

1

2

3

/

3 GOOD THINGS

1

2

3

/

3 GOOD THINGS

1

2

3

/

3 GOOD THINGS

1

2

3

自己肯定感が高まる魔法の質問

Q. もしあなたが
あと1週間の命だとしたら
何をしたいですか?

A.

/

3 GOOD THINGS

1

2

3

/

3 GOOD THINGS

1

2

3

/

3 GOOD THINGS

1

2

3

/

3 GOOD THINGS

1

2

3

/

3 GOOD THINGS

1

2

3

/

3 GOOD THINGS

1

2

3

/

3 GOOD THINGS

1

2

3

自己肯定感が高まる魔法の質問

Q. 88歳の未来の自分からいまのあなたへ、人生を後悔しないために何を伝えますか?

A.

/

3 GOOD THINGS

1

2

3

/

3 GOOD THINGS

1

2

3

/

3 GOOD THINGS

1

2

3

/

3 GOOD THINGS

1

2

3

/

3 GOOD THINGS

1

2

3

/

3 GOOD THINGS

1

2

3

/

3 GOOD THINGS

1

2

3

/

3 GOOD THINGS

1

2

3

自己肯定感が高まる魔法の質問

Q. 最後に、あなたの本当の夢は何ですか?
どんな未来が理想ですか?
イラストや色ペン、シールなどを使ってカラフルに表現してください。

A.

自己肯定感 Work

夢を実現させる
書き込み式ワーク集

「マンスリーページ」に記載した「今月のワーク」の詳細ページです。
ワークは、自己肯定感を構成する“6つの感”それぞれに対応し、
1つの“感”につき2つのワークを収録しています。
直接書き込んでいただいてもいいですし、
コピーをとってオリジナルのワークノートをつくっても。
ぜひ色ペンや写真・切り抜きなどを使って
カラフルに仕上げてください。

自己肯定感ワークとは？

この章では「マンスリーページ」に記載した
「今月のワーク」を詳しく解説していきます。
1ヵ月目の「自尊感情UPの月」は自尊感情を高める「Wishリスト」、
3ヵ月目の「自己受容感UPの月」は自己受容感を高める
「エクスプレッシブ・ライティング」というように、
その月は対応したワークを行ってみましょう。
ぜひカラフルに仕上げてください。

月

1st Month / 1ヵ月目

自尊感情UPの月

今月のワーク

Wishリスト（256ページ）

自分のやりたいこと、興味のあること、実現したいことなど、思いつくままに100個書き出していくワークです。

今月のラッキーワード

自分に「○」

MARU

今月のセルフケア

セルフハグ

GYU

MONDAY 月	TUESDAY 火	WEDNESDAY 水

今月のチャレンジ

38

● 今月のワーク
「マンスリーページ」に記載している「今月のワーク」を、
この月は重点的に行ってみましょう。

自己肯定感ワークの進め方

下記の順番に月に1つずつワークを行います。余裕がある方は何個か試してみてもいいですが、あまりに一気に行うとそのときは満足しても継続できません。余裕をもって少しずつ進めてみてください。色ペンや写真、雑誌の切り抜きなどでカラフルに仕上げていくのもおすすめです。ポジティブなイメージを脳に植えつけ、記憶化させていきましょう。

1ヵ月目 **自尊感情ワーク** Wishリスト～あなたのほんとうの願いは何？
Wish（願い）を100個書き出し、自分がほんとうに望むことは何かを明らかにするワーク

2ヵ月目 **自尊感情ワーク** ライフチェンジノート～未来の視点で自分を肯定する
5年後の未来の自分を想像し、その自分に声がけをすることで、
いまの自分を肯定し勇気づけるためためのワーク

3ヵ月目 **自己受容感ワーク** エクスプレッシブ・ライティング～イライラとモヤモヤを頭のなかからとり出す
ネガティブな感情や体験を吐き出し、区切りをつけて手放すためのワーク

4ヵ月目 **自己受容感ワーク** マインドスイッチリスト～あらかじめ解消法を用意しておく
ストレスがかかったときにどうすれば解消できるかあらかじめ用意しておいて実行するワーク

5ヵ月目 **自己効力感ワーク** ライフビジョンチャート～あなたの未来のビジョンを描き出す
「ライフチャート」に記載した項目の未来をビジュアル化し、それに1年間で近づいていくワーク

6ヵ月目 **自己効力感ワーク** 鏡のワーク～アファメーションで潜在意識から書き換えていく
ポジティブなアファメーションワードを使い、1ヵ月かけて潜在意識から変えていくワーク

7ヵ月目 **自己信頼感ワーク** イメトレ文章完成ノート～なりたい自分になって成功を手に入れる
目標を達成するための具体的なビジョンとノウハウを明らかにし、行動に移させる強力なワーク

8ヵ月目 **自己信頼感ワーク** ポジティブ・メンターリスト～憧れの人物の力を借りて理想の生活を手に入れる
人生のモデルとなる2人のメンターの生き方を参考にして、充実した毎日を送れるようになるワーク

9ヵ月目 **自己決定感ワーク** タイムマネジメント～人生でいちばん大切なことは何？
「緊急」で「重要」な事柄とそうでないことをわかりやすく見える化させ、物事を決めやすくするワーク

10ヵ月目 **自己決定感ワーク** 解決ノート～自分だけではどうにもできない問題を解決に導く
解決したいことに対して周囲にいる人たちからどういう助けが得られるかを明確にしていくワーク

11ヵ月目 **自己有用感ワーク** バケットリスト～もし5年後あなたが死ぬとしたら何をしたい？
死ぬまでにしたいことをリストにして書き留めることで、
過去を正しく振り返り、いまを確認し、これからの未来に向かう具体的な指針を導くワーク

12ヵ月目 **自己有用感ワーク** グレイトフルメッセージ～感謝すれば100%運命が変わる
いままでの人生のなかで、あなたがいまもっとも感謝を伝えたい人に、
実際に手紙を書くように感謝の気持ちを書き出すワーク

Wishリスト
あなたの本当の願いは何？

100個書き出せば、自分が何をしたいかが浮き上がる

「Wish リスト」は、願い（Wish）をノートに箇条書きで書き出していくワークです。自分のやりたいこと、興味のあること、実現したいこと、望んでいることなど、思いつくままにどんどん書き出していきます。

100個書くことを1つの目標に書き出していきましょう。20分以内に、できるだけたくさん！と時間制限を設け、ある意味、無理やり書き出すことで、大人になって忘れてしまっていた昔の夢や子どものころの願望もよみがえってきます。ふだんは考えもしないような潜在意識からの願いも表出します。

何度も眺めれば、高いセルフイメージに上書きされていく

仕事や家事に忙殺されている人は、自尊感情が下がりやすい状況にいます。忙しく日々を過ごすうち、自分を大切にすることを忘れてしまうからです。そんな人こそ、「Wish リスト」を試してみてください。

何の制限もかけず、思いつくままに書き進めていくうち、「自分はこんなこともしたかったんだ」「こういう場面で喜びを感じるんだ」「楽しみなことたくさんあるな」と、さまざまな感情が湧き出て、気持ちが解放されます。

そして、リスト化されたWishを眺める時間が自分を大切にするひと時となり、自尊感情を高めてくれます。ですから、書き記した「Wish リスト」は書いて終わりではなく、毎日見返すようにしましょう。何度も見ることで、脳が重要なことだと認識し、「Wish リスト」に書かれているように行動しようと、勝手に動いてくれるようになるのです。

「Wishリスト」はわくわくするようなToDoリストになっていく

「Wish リスト」が効果的なのは、書き出したリストが本人の過去と未来をつなげ、見える化した ToDo リストになっていくからです。

「何のためにこんなに仕事が忙しいんだろう」「このままで大丈夫かな」と不安になったときも、リストを見ることで理想の未来に向かっていく自分をイメージすることができます。

「叶えたいことのためにいま、忙しく仕事をしている」「このままで大丈夫」とそう思えたとき、あなたは自分に価値があると感じ、自尊感情が高まるのです。

「wishリスト」の3つのポイント

1. なるべく20分以内で100個書き出すこと

時間制限内に 100 個書くと設定することで、こうあるべき、これはムリというブロックがなくなり、思ってもみなかった「やりたいこと」が出てきます。あなたの潜在意識からの、ワクワクするような願いや夢がでてくるのです。

2. リストを書き終えたら、全体を見直すこと

一気に書き出してみると同じような項目があることを発見できます。じつは、それがあなたのやりたい傾向であり、いま必要なことなのです。たとえば、温泉、海、海外旅行が多ければレジャー。検定合格、資格取得が多ければ勉強など。

3. リストに優先順位をつけること

ワクワクする項目を○で囲んだり、星マークをつけたり、ワクワクする順に数字を振ったりして、優先順位をつけましょう。さらに叶った願いにマークをつけたり、シールを貼っていきましょう。すると、達成感が高まります。こうすることでノートをみるだけで自己肯定感が高まっていくのです。

Wishリスト
あなたの本当の願いは何？

自尊感情ワーク（1ヶ月目）

Wish（願い）を100個書き出し、自分が本当に望むことは何かを明らかにするワークです。

1	26
2	27
3	28
4	29
5	30
6	31
7	32
8	33
9	34
10	35
11	36
12	37
13	38
14	39
15	40
16	41
17	42
18	43
19	44
20	45
21	46
22	47
23	48
24	49
25	50

STEP1. 自分のやりたいこと、興味のあること、楽しみたいこと、
望んでいることなどを思いつくままに書き出します。

STEP2. できるだけ20分以内に100個書き出しましょう。タイマーで測るのもおすすめです。

51	76
52	77
53	78
54	79
55	80
56	81
57	82
58	83
59	84
60	85
61	86
62	87
63	88
64	89
65	90
66	91
67	92
68	93
69	94
70	95
71	96
72	97
73	98
74	99
75	100

ライフチェンジノート
未来の視点で自分を肯定する

未来の視点で考えれば、いまを肯定できる

あなたはいま悩んでいることがありますか？

仕事の成果をあげるために焦っている、結婚したいのになかなかできない、人間関係にイライラしている……そんなとき自分は唯一無二の存在であるという自尊感情が低空飛行。目の前のネガティブなことばかりにとらわれ、視野が狭くなっています。

「ライフチェンジノート」は、５年後の未来の視点でものごとを考えるワークです。このワークで未来から現在を考えられるようになり、輝く未来のためにいまがあると思えるようになります。

インタイムとスルータイム――時間のとらえかたを変えてみる

次の２つの図を見ください。

これは時間のとらえ方を表した図です。

インタイムは、時間の流れのなかに自分がいる状態です。過去を自分の後ろに、未来をその延長線上に置いているため、いつも過去の失敗やトラウマを未来に投影して、先の不安や心配ばかりしてし

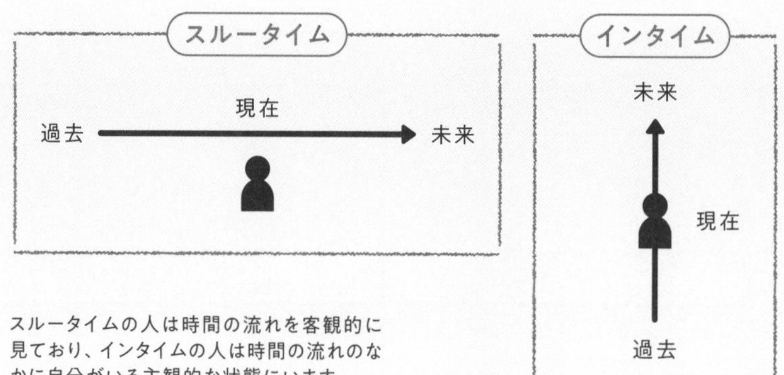

スルータイムの人は時間の流れを客観的に見ており、インタイムの人は時間の流れのなかに自分がいる主観的な状態にいます。

まいます。

自己肯定感が低空飛行になるとインタイムの状態になります。

スルータイムは、過去・現在・未来を客観的立場でとらえ、目の前に時間が流れるイメージをもちます。つまり過去の失敗やトラウマも、未来の輝くゴールへの糧になるようなイメージです。

自己肯定感が高い状態になると、時間をスルータイムでとらえられるようになります。「ライフチェンジノート」は、スルータイムでものごとをとらえられるようになるワークです。

5年後の未来の視点でいまを認める

「ライフチェンジノート」の良い点は、5年後という少し先の未来のため、よりリアルにイメージすることができるところです。少し輝かしい未来からいまの自分に声がけをすることで、いまを肯定し、その未来へフォーカスした次への一歩を踏み出せるようになります。

「ライフチェンジノート」の3つのポイント

1. ワクワクするような未来をイメージすること

ワクワクするような未来をイメージすることで、いまが輝き、生き甲斐がでてきます。そして、ポジティブな具体的な一歩の行動を促します。

2. リアリティのある未来をイメージすること

実現できる可能性がありそうな未来をイメージしてください。あまりにも現実とかけ離れていると、どうせ叶いっこないというネガティブな感情がもたげてきますので要注意です。

3. 必ずポジティブな言葉がけをすること

ポジティブなねぎらいの言葉をあなた自身に投げかけてあげてください。

ライフチェンジノート
未来の視点で自分を肯定する

自尊感情ワーク（2ヶ月目）

5年後の未来の自分を想像し、その自分に声がけをすることで、いまの自分を肯定し勇気づけるためのワークです。

Q1. 5年後の自分はどんなふうに仕事とプライベートを楽しんでいますか?

（例）海の近くに住んで、毎日海を見て過ごしながらも、都内や海外を月2回は移動していろんな人と会い、いろんなものを見に行っている。

Q2. 5年後の自分に聞いてみたいことはなんですか?

（例）もっと早くその暮らしをするには、どういう行動をすればいい?

Q3. 5年後の自分に、どういう言葉をかけたいですか?

（例）よくやったね!よくがんばったね!
これからは、あなたが好きなことだけにフォーカスして生きてください。

5年後の未来の自分を想像して、例を参考に下記の5つの質問に答えてください。
リアリティがありつつ、ワクワクするような未来を想像しましょう。
また必ずポジティブな言葉がけをしてあげましょう。

Q4. 5年前の自分を想像してください、あなたがいま伝えたい言葉はなんですか?

（例）いい感じ！　つらいことも悲しいことも焦ることもたくさんあるだろうけれど、
努力は決して裏切らないから、そのままの調子で、自分を信じてがんばれ！

Q5. いまのあなたが大切にする言葉をあなた自身に送ってください。

（例）自分を信じて突き進め！

エクスプレッシブ・ライティング

イライラとモヤモヤを頭のなかからとり出す

考えないようにすればするほどとらわれる

「エクスプレッシブ・ライティング」は、1980年代に生まれた心理療法の１つです。行うことはシンプルで、自分が感じている負の感情やストレスに思っていることをひたすら紙に書き出していくだけ。書くときのルールは、忖度一切ナシで自分の思いの丈を正直に綴ること。

とにかく書き出すことで、いま自分が抱えているネガティブな感情をしっかりと認識することができます。すると、忘れたくても忘れられなかった記憶へのこだわりが、「ま、いっか」と小さくなっていくのです。

私たちの脳にはぼんやりと気にかかっていることほど忘れられず、きちんと整理でき、区切りがついたことは忘れられるという性質があります。アメリカの心理学者ダニエル・ウェグナーはこう指摘しています。

「私たちは何かを考えないように努力すればするほど、かえってそのことが頭から離れなくなる」

ウェグナー博士はこうした脳の働きを「皮肉過程理論」と名づけました。私たちは「忘れたい」「こだわりたくない」と意識していることほど、「忘れられず」「こだわってしまう」のです。

嫌なことを書けば、嫌なことが消えていく

ネガティブな感情を紙に書き出し、文章化。アウトプットした内容を自分で目視することで、「忘れたい」「こだわりたくない」出来事とそのときに抱いた感情が明確になります。すると、自分の感情の変化を客観的に見ることができ、冷静に受け止められるようになり、「ま、いいか」とネガティブな考えの連鎖に句読点を打つことができるのです。

脳は自分のストレスを認知すると、前頭前野が活性化します。これにより、ストレスに反応をする扁桃体という部位の働きが抑えられ、感情のコントロールができるのです。

不安・うつが改善する、脳のワーキング・メモリが増える

ネガティブな感情を書き出す「エクスプレッシブ・ライティング」は、「筆記開示」とも言われています。テキサス大学のジェームズ・ペネベーガー博士が提唱したテクニックで、研究によると、トラウマ体験を書きなぐることで、不安・うつ症状が軽くなり、幸福感も上がったということです。さらに血圧減少、免疫力が向上したとも。

脳のワーキング・メモリが向上するという結果も出ています。ワーキング・メモリとは情報を一時的に記憶・処理する能力のこと。これにより、さまざまなことを同時進行で処理することが可能になるのです。

「エクスプレッシブ・ライティング」の3つのポイント

1.制限することなく吐き出すように書き出すこと

こんなこと言っていいのかな？などといった制限は禁物。誰かが見るものではありません。思う存分、吐き出してください。

2.書き終えたら、全体を眺めてみること

このことはあなたの人生にとってどのくらいのものか眺めて確認します。仕事・人間関係・恋愛結婚・親子関係など、カテゴライズして眺めてみるのもおすすめ。何に振り回されていたかが明らかになります。

3.確認したら、手放してしまうこと

自分で変えることができることとできないことを見極め、いったんすべて区切りがついたこととして手放します。丸めて捨てても、ビリビリに破いても、シュレッダーにかけてもいいでしょう。「もーやーめた！」「ま、いっか！」と区切りのつく言葉を言うと効果的です。脳は区切りをつけると、終わったこととして判断してくれます。

エクスプレッシブ・ライティング
イライラとモヤモヤを頭からとり出す

自己受容感ワーク（3ヵ月目）

ネガティブな感情や体験を吐き出し、
区切りをつけて手放すためのワークです。

STEP1. いま感じている負の感情やストレスに思っていることを、ひたすら書き出します。下記のスペースに書いてもいいですし、あとで破って捨てたい人はほかの紙に書いてもOKです。こんなこと言っていいのかな?などといった制限は禁物。思う存分、吐き出してください。

STEP2. このことはあなたの人生にとってどのくらいのものか、眺めて確認します。

STEP3. 捨てることができる人は、いったん区切りがついたこととして捨ててしまいましょう。クシャクシャにして丸めてポンとゴミ箱に入れたり、ビリビリに破いてしまってもOKです。

マインドスイッチリスト
あらかじめ解消法を用意しておく

宇宙飛行士のストレス対策「コーピング」を応用

「マインドスイッチリスト」は、認知行動療法の１つで「宇宙飛行士」が行っているストレス対策「コーピング」を応用したものです。

まず、ストレスがかかったとき気晴らしとなる解消法をあらかじめリストアップしておきます。そして、ストレスがかかるたびにリストから解消方法を選んで実行。その後、その方法に効果があったかどうかを判断し、効果がなければほかの方法に切り替えるというもの。

リストアップするのは、どんなつまらないことでもOKです。とにかく数を多く（50個くらい）、あなたがポジティブになる方法を紙に書き出すことが大切。ストレスがかかったときに実行できるものなので、「海外旅行に行く」などの大掛かりなものはNG。たとえば、木に触れる、散歩する、空を見る、炭酸水を飲む、宝くじに当たったと妄想し７億円で何をするかワクワク想像してみるなどがいいでしょう。

さらに、実行したものに得点をつけていきます。「こんなストレスにはこの方法がよい」というのがはっきりし、ますます効果的になります。

なぜ解消法をリストアップすると効果的なのか

この方法は実際、うつ病の予備軍の方を対象に実験したところ、劇的な効果があったそうです。ストレスを観察し、意識的な対策を繰り返すことによって、脳の認知を司る前頭葉が活性化され、不安などの感情を司る扁桃体の活動が抑えられます。ストレスを意識したとき、ある行動を行うことによってストレスは解消されるという流れをつくり、ポジティブで肯定的なことを脳に刷り込んで潜在意識に落とし込んでいくのです。

リストに入れると効果的な2つのこと

1.「運動」

ストレス反応は、脳にある扁桃体が反応して指示を出すことで起こります。運動はこの扁桃体の指示を伝わりにくくさせます。つまり、運動すると鈍感になるのでストレスに強くなるということです。

ウォーキングなどの有酸素運動を息が少し上がる程度行う。週2回、30分以上、速歩き、軽く犬の散歩をするといった運動がいいでしょう。

2.「マインドフルネス」

マインドフルネスとは、瞑想のことです。瞑想でリラックスさせるアルファ波とマインドを穏やかにさせる副交感神経を優位にさせます。

日中の活動時間の半分近くは、「いまここ」ではなく、過去の失敗や未来の不安ややることを考えがちです。瞑想によって「いまここ」に注意を向けることで、過去や未来への想像を断ち切り、心がフラットになり、自己受容感も高まります。

ある実験では瞑想を習慣化することによって、萎縮していた脳の海馬が復活するとともに、扁桃体が小さくなってストレスに過剰反応しにくくなるなどの劇的な効果があったそうです。

「マインドスイッチリスト」の3つのポイント

1.ストレスを感じてもいいし、ネガティブになってもいいと思うこと

ストレスはあっていい。ネガティブもあっていい。完全な人間はいない。と、どんな自分も認めたうえで、それに対処する方法を考えましょう。

2.「大丈夫、リストがある」と思って、安心して過ごすこと

このリストは、自分でストレスを軽減できたり、ポジティブになれるあなただけの「何があっても楽しくなれる大丈夫リスト」です。このリストがあるから大丈夫と安心して、日常生活を過ごしてください。

3.リストを実行し、採点して更新すること

実行したら採点チェックをし、項目を削除したり、ジャンルを広めてどんどん追加して、リストをブラッシュアップしてください。

マインドスイッチリスト
あらかじめ解決法を用意しておく

自己受容感ワーク（4ヶ月目）

ストレスがかかったときにどうすれば解消できるかあらかじめ用意しておいて実行するワークです。

1
2
3
4
5
6
7
8
9
10
11
12
13
14
15
16
17
18
19
20
21
22
23
24
25

STEP1. ストレスになったらこうすれば解消できるな、ネガティブからポジティブにこうすれば変換できるなという方法をリストアップします。小さなことでOKですので、できれば50個ほどリストアップしましょう。

STEP2. ストレスを感じたり、ネガティブになったらリストから選んで実行します。

STEP3. 効果があったかどうかを採点し、項目を削除したり、ジャンルを広げて項目を追加したりして、リストをブラッシュアップします。

26
27
28
29
30
31
32
33
34
35
36
37
38
39
40
41
42
43
44
45
46
47
48
49
50

ライフビジョンチャート
あなたの未来のビジョンを描き出す

ワクワクする未来のビジョンを見える化する

マンスリーページで行っていただいた「ライフチャート」は、仕事、恋愛・結婚、人間関係、お金、健康、趣味、学び、家族などを、定量的に数値化してアウトプット、見える化させて分析しました。

「ライフビジョンチャート」は、これをさらにバージョンアップさせた、あなたの夢や目標や理想のライフスタイルを叶えるためのワークです。

たとえばあなたは、ボールが飛んできたら自然とキャッチしようとしますよね。これはボールがとんできたら、キャッチしないと体に当たると脳が未来予測をしているからです。つまり、私たちの思考や感情や行動は、未来を予測した通りに勝手に動いていくのです。

「ライフビジョンチャート」は、ポジティブな未来をビジュアル化させ、イメージングさせ記憶として脳に刷り込んでいくワークです。現在をポジティブな未来の実現に変えるというパワフルなワークでもあります。

まずは「ライフチャート」同様、8項目を埋めてみてください。

現時点の点数を書き入れる

項目を書き加えたら、未来のビジョンに対して現状は何点か採点します。そして「1点だけ上げる」目標を立てます。これを達成することが、自信につながります。「自分の人生は変えられる」「いまの状況は変化するんだ」という手応えとなり、自己効力感を回復させてくれるのです。

将来のビジョンをイラスト・写真・切り抜きでビジュアル化

続いて、書き出したテーマのまわりに将来的にどうなりたいか、何を実現したいかといった、未来の最高に楽しいポジティブなライフビジョンを言葉やイラストで書き加えます。また、写真や雑誌の切り抜きなどを貼ってもいいでしょう。この切り貼りは、心理療法ではコラージュといい、創造性を高め、カタルシス効果と呼ばれる癒やし効果もあります。

現実とリアルなイメージを区別できない脳の性質を利用する

そして、脳科学の研究によると、私たちの脳は「現実の出来事」と「リアルなイメージ」の区別がつかないと言われています。そして、思考とイメージが戦ったらイメージが勝つと言われています。つまり、ビジョンが鮮明で明確であればあるほど、脳や潜在意識はそれを現実の未来と捉え、イメージングし実現する行動へと駆り立ててくれるのです。

「ライフビジョンチャート」の3つのポイント

1.写真を貼ったり、イラストを描いたり、いろんな色を使うこと

ビジョンを鮮明にするために、思いっきりカラフルにしたり、切り貼り、コラージュをしましょう。写真やイラストが苦手な人は、赤は友人や家族、青はスキルアップや趣味、黄色はレジャーや買い物や旅行、黒は仕事や収入など、文字を色別にしていきましょう。

2.毎日1秒でもいいから眺めること

仕事に行く前に1秒、日中疲れがでたときに1秒、寝る前のホッとした時間に1秒眺めることを習慣にして、脳に刷り込みイメージングしましょう。

3.できたらバージョンアップさせること

セルフイメージが上がるイラストや画像をどんどんストックしておいて、時間のある週末にバージョンアップさせるのも効果的です。ポジティブな未来を上書きしていくと、あなたの毎日はもっと楽しく充実したものになります。

ライフビジョンチャート
あなたの未来のビジョンを描き出す

自己効力感ワーク（5ヶ月目）

「ライフチャート」に記載した8項目の未来をビジュアル化し、
それに1年間で近づいていくワークです。
カラフルな文字や写真やイラストを使って表現しましょう。
※項目例）「仕事」「恋愛・結婚」「人間関係」「お金」「健康」「趣味」「学び」「家族」など

理想の未来

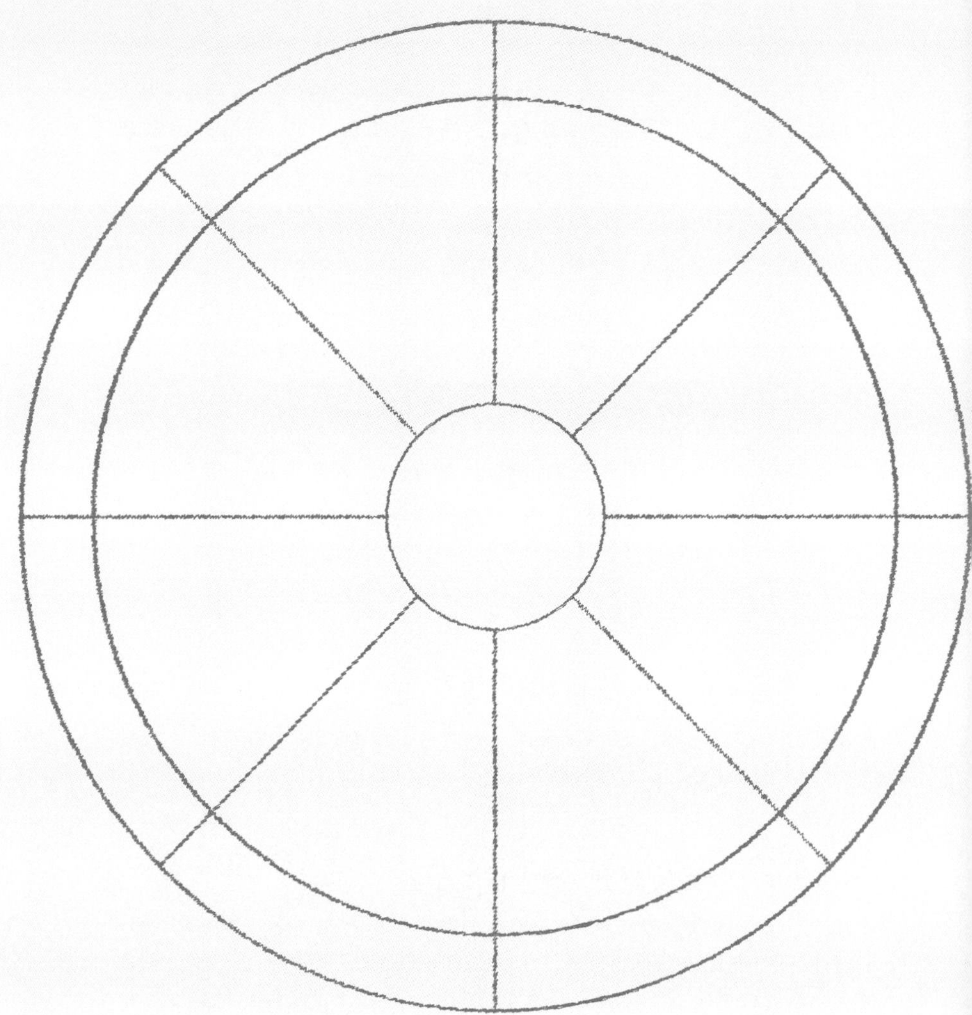

STEP1. ライフビジョンチャートの真ん中に、未来の理想の自分のイラストを描いたり、こうなりたいという人物の写真や雑誌の切り抜きを貼ります。

STEP2. 8項目において、あなたが思う理想の未来を、色ペンで書いたり、写真・イラストなどを貼ったりしてカラフルに表現します。

STEP3. 理想の未来を実現するために、1ヵ月後に何をしているか、6ヵ月後に何をしているか、1年後に何をしているかを右ページの囲みに記載します。

STEP4. 1ヵ月後、6ヵ月後、1年後、8項目の数値が10段階で何点だったか、右ページのライフチャートに記載します。

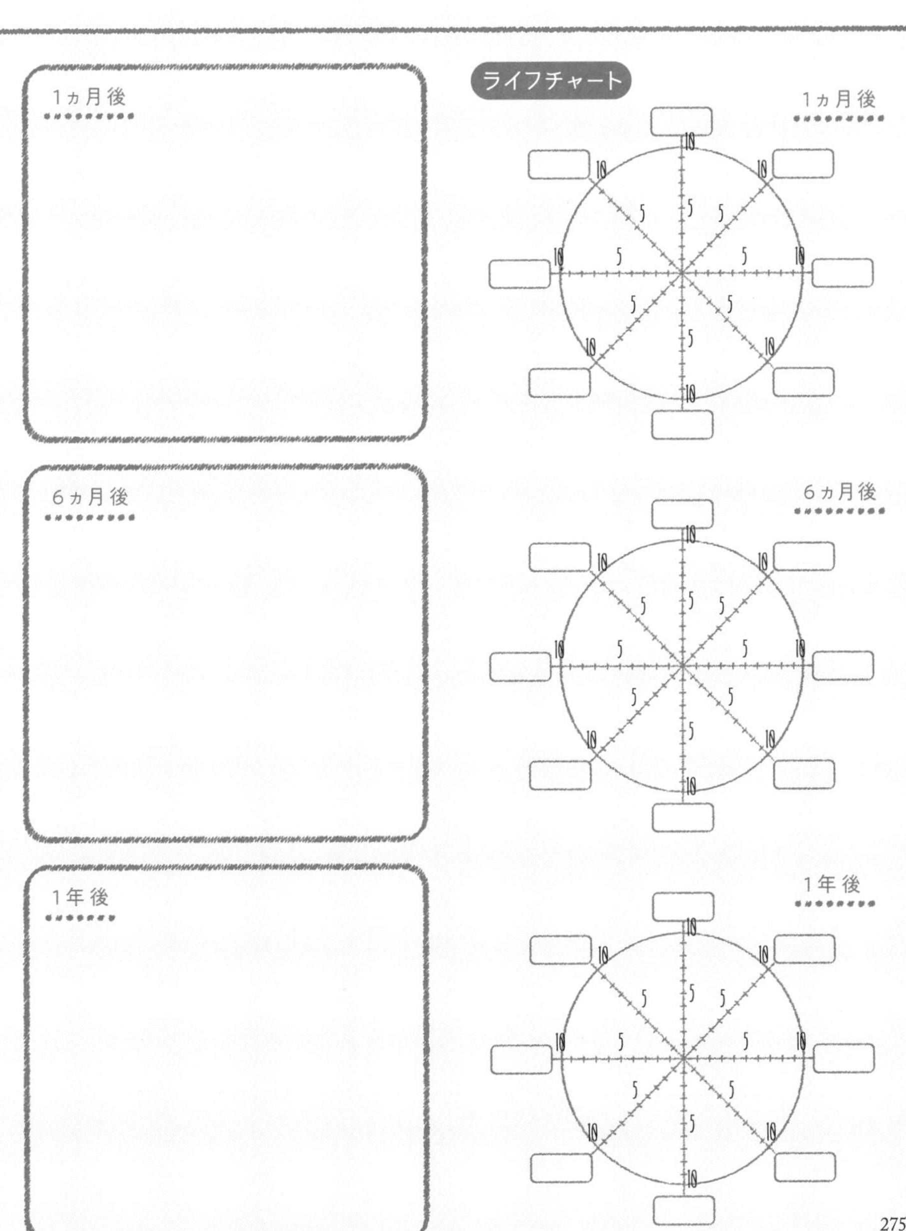

鏡のワーク
アファメーションで潜在意識から書き換えていく

鏡のワークで潜在意識から変わる理由

「鏡のワーク」は、アファメーション（肯定的な言葉）によって潜在意識を変えるワークです。アファメーションとは、自分に肯定的な言葉を投げかけることで、なりたい自分を潜在意識に刷り込み、潜在意識をポジティブな方向へもっていく手法のことです。

鏡のワークでは、１日に１つのアファメーションワードを使い、１ヵ月かけてワークを行っていきます。やり方は簡単です。

(1) 朝、鏡に向かって、アファメーションワードを口にする

朝起きてすぐでも、出かける前でもOK。アファメーションワードを口に出して言い、耳で肯定的な言葉を受け止めてください。鏡に向かって語りかけることで、「人から自分に言われている感覚」になります。この非日常的な感覚が自己暗示の効果を高めるのです。

(2) 夜、朝口にしたアファメーションワードをノートに書き写す

夜寝る前など、ゆったりとした気分で朝口に出したアファメーションワードを書き写します。すると、寝ている間にアファメーションワードを効果的に潜在意識にとり込むことができます。睡眠には、記憶力を高める効果があります。睡眠の前に書き留めることで、記憶が強化され、あなたの人生がポジティブに好転します。

こうして聴覚と視覚から肯定的な言葉を受け入れることで、潜在意識に明るい未来へのイメージがインプットされていきます。

鏡を見ることはそれ自体にポジティブな心理的効果があることもわかっています。ハーバード大学の研究によると、仕事中に疲れやイライラを感じたときに鏡を見ると、気持ちがリセットされる効果があるそうです。

肯定的な言葉は心と体を温める

肯定的な言葉を言うと、脳は記憶してくれます。肯定語を言っている自分の姿を見ると、脳は確信してくれます。そして、肯定的な言葉を書き留めれば、潜在意識の書き換えが完了します。

これで、私たちは潜在意識のレベルでも自分で自分を肯定することができるのです。このトリプルの効果は非常にパワフルです。

電機メーカーが行った研究では、「愛を言葉で伝えると、人の体は温まる」ことがわかったそうです。自分の最大の味方は自分。肯定語を自分で自分に向かって言うことで、自分自身の心と体を温めましょう。

他人はコントロールできませんが、自分の言動はコントロールできます。鏡に向かって31日間、アファメーションワードを自分に伝えるだけで、それは潜在意識に入り、自己肯定感の総量が増えていきます。

「鏡のワーク」の3つのポイント

1. なるべく月はじめの朝からやってみること

脳は区切りをつけると動きやすくなります。できれば、月はじめから1ヵ月と決めて行ってみましょう。

2. 2、3日さぼっても気にしないこと

忙しい朝もあります。疲れてすぐ眠りにつきたい夜もあります。「必ずやらねば」となると自己肯定感が低下します。サボってもいいという気持ちで、やり続けましょう。

3. ときにはピンとくる言葉を自分に言い聞かせること

順番になってはいますが、これは絶対ではありません。その日に言いたい言葉を言っていいくらいの気持ちで行いましょう。

鏡のワーク
潜在意識から書き換えていく

自己効力感ワーク（6ヶ月目）

ポジティブなアファメーションワードを使い、1ヵ月かけて潜在意識から変えていくワークです。

自尊感情	1日目 「これから 必ずよくなる。 もっとよくなる。」	2日目 「私は絶対運がいい、 これから もっと運がいい。」	3日目 「私はツイテル！ ツイテル！ツイテル！」	4日目 「今日も最強！ 今日も最強！」
自己受容感	5日目 「一喜一憂しなさんな。 一喜一憂しなさんな。」	6日目 「絶対なんとかなる！ なんとかなる！ なんとかなる！」	7日目 「楽しいなー！ 楽しい楽しい！ 楽しいなー！」	8日目 「何があってもまあ いっかー！何があっても まあいっかー！」
自己効力感	9日目 「運命は努力次第で 変えられる。できる！」	10日目 「比べるのは、 昨日の自分。やれる！」	11日目 「どんなことが あっても可能性は 無限大。大丈夫！」	12日目 「私には勇気がある！ 大丈夫、 絶対実現できる！」
自己信頼感	13日目 「何があっても うまくいく。 必ずうまくいく！」	14日目 「私の人生、 何があっても安心だ！ 安心、安心！」	15日目 「私はこれがいい！ これがいい！ これがいい！」	16日目 「今日も必ず いいことがある！ いいことがある！」
自己決定感	17日目 「私には力がある！ 力がある！ 力がある！」	18日目 「なるようになる！ なるようになる！ なるようになる！」	19日目 「エイエイオー！ エイエイオー！ エイエイオー！」	20日目 「グッジョブ、私！ グッジョブ、私！」
自己有用感	21日目 「ありがとう、私！ ありがとう！ ありがとう！」	22日目 「いまが最高！ これからもっと最高！ いまが最高！ これからもっと最高！」	23日目 「私って、いいねー！ いいねー！ いいねー！」	24日目 「もう準備は できている！もう準備は できている！」
自己肯定感	25日目 「幸せだなー！ 幸せだなー！ 幸せだなー！」	26日目 「ヤッター！ ヤッター！ヤッター！」	27日目 「自分に〇！ 自分に〇！自分に〇！」	28日目 「私は絶対、大丈夫！ 大丈夫！大丈夫！」
	29日目 「ありのままでいい！ ありのままでいい！」	30日目 「リラックス！ リラックス！」	31日目 「スマイル！ スマイル！スマイル！」	

STEP1. 朝、鏡のなかの自分に向かって、左ページに書いてあるその日のアファメーションワードを口に出して言います。

STEP2. 夜、口に出して言ったその日のアファメーションワードを右ページに書き写します。これを1ヵ月間続けます。

1日目	2日目	3日目	4日目
5日目	6日目	7日目	8日目
9日目	10日目	11日目	12日目
13日目	14日目	15日目	16日目
17日目	18日目	19日目	20日目
21日目	22日目	23日目	24日目
25日目	26日目	27日目	28日目
29日目	30日目	31日目	

イメトレ文章完成ノート

なりたい自分になって成功を手に入れる

行動に移させる強力なノート術

「イメトレ文章完成ノート」は、11の定型文を埋める言葉を「書く」だけで、効果的なアファメーションとなり、勝手に行動に移させてしまう強力なノート術です。脳のなかにあった抽象的な思考（単語）を抽出し、具体的な言葉に変えていくというプロセスを経ることで、「本当にやりたいこと」「本当に大切なこと」「本当に必要なこと」を見出していきます。

モルツ博士の「サイコサイバネティクス理論」によると、脳は想像上の経験でも実際の経験でも同じような領域を使って情報処理を行うため、脳をだませば成功体験が生まれ、パフォーマンスが上がるといいます。

具体的なビジョンとノウハウが明らかになる

自己肯定感が低下していると、自分の未来のビジョンも、長所や強みも、必要な環境についても、すべてネガティブに考えてしまい、負のループに陥ってしまいます。しかし、この「イメトレ文章完成ノート」を完成させることによって、現在地を知ることができ、感情を整理し、具体的なビジョンを描くことができるのです。

11の定型文を埋めていくだけで、あなたのもっているビジョンが明確になっていきます。そして、自分には目標があること、そのための強みがあり、味方がいて、達成するためのノウハウをもっていることを客観的に見ることができます。

このノート自体が最高のアファメーションになる

さらに、書いたノート自体が、あなたへの最高のアファメーションとなり、自然と行動を後押ししてくれます。夢や目標、そしてその道程が明確化されたらもう目標達成はすぐそこです。羽生結弦選手は４回転ジャンプのイメージトレーニングを繰り返し行い、本番で見事４回転ジャンプを決め、目標だった金メダルを手にしました。

実践した人の95%に効果があった強力な方法

目標は長期的な目標、中期的な目標、短期的な目標と分けて書いてもいいでしょう。また、何か実現したい目標をもつたびに、ぜひ「イメトレ文章完成ノート」を試してみてください。

ビジョンが明確になり、自己肯定感がぐんぐん高まり、あなたの人生を強くしていきます。このノートがあなたのエネルギーシートになるのです。毎日、目を通すとさらに効果がアップするでしょう。

「イメトレ文章完成ノート」は、実際、行った方の95%に効果があったと報告をもらっています。じつに強力な方法と言えるでしょう。

「イメトレ文章完成ノート」の３つのポイント

1.本当の目標を思い切って書くこと

こんな目標を掲げたら人から笑われるなどと思わずに、あなたの本当の望みを反映した目標を掲げましょう。１ヵ月目の「Wish リスト」が本当の目標を見出す助けになります。リストを見てみましょう。

2.広い視野で目標達成のための方法を探すこと

自分の強みも意識しつつ、誰が助けてくれるか、どんな方法がいいか、視野を広げて考えましょう。思いがけない人が思い浮かぶかもしれません。そのときにそう感じたことを思いのままに書くこともポイントです。あなたの直感は成功を願っているからです。

3.できれば毎日目を通すこと

毎日目を通すことで、脳や潜在意識に言葉を届けます。すると、脳や潜在意識が自然と目標達成に関心を向け、成功を手に入れやすくしてくれるのです。

自己信頼感ワーク（7ヶ月目）

目標を達成するための具体的なビジョンとノウハウを明らかにし、行動に移させる強力なワークです。

1 目標の設定	私が実現したい目標は です。
2 メリット	なぜなら、その目標を達成すると だからです。
3 ブレーキ	しかし、 が私の目標を妨げています。
4 現状把握	そのため、私はいま という状況になっています。
5 新しい方法	そこで私は目標に近づくために、新しい方法 を試みるつもりです。
6 自分の強み	なぜなら、私の強みは であり、それが目標を達成するために役立つと思うからです。
7 協力者	また、目標に向かうにあたり さんが協力してくれます。
8 環境	目標に向かうにあたり という環境が味方してくれると思います。
9 ノウハウ	私は目標を達成するために というノウハウをもっています。
10 やる気	私は目標を達成するために という方法でやる気を引き出します。
11 最初の一歩	私は目標を達成するために、まずは から始めます。

STEP1. あなたの目標を1の欄に書き入れます。
目標がすぐには見つからないという人は、258ページの「Wishリスト」を見直してみてください。

STEP2. 目標を達成するための2から11までの項目を埋めていきます。
あなたの過去、現在、未来を思いながら、書き入れてみてください。
右ページのメモ欄を使って、考えをまとめましょう。

memo

ポジティブ・メンターリスト
憧れの人物の力を借りて理想の生活を手に入れる

あなたの憧れの人、理想の人は誰ですか？

「ポジティブ・メンターリスト」は、生きづらさを感じたり、このままでいいのかなと感じたり、自信がなくなったとき、自己信頼感をとり戻すことができるワークです。

あなたが憧れる先輩や著名人など、人生のモデルとなる2人を思い浮かべましょう。彼らの考え方や行動を参考にして、どうすればポジティブな人生が送れると思うか具体的な方法を書き出したり、写真やイラストを切り貼りしてみましょう。憧れの人に少しでも近づこうとすると、ポジティブな感情が湧いてきて、自分を信じられる力が回復します。

メンターの存在による5つの効果とは？

自分が本当にやりたいことをするためには、モデルとなる存在が必要です。その存在をメンター（生きる道標となる存在）と言います。

このメンターの存在がいるかいないかで人生は180度変わります。1つは、メンターという存在が、孤独な自分を否定してくれるからです。憧れのメンターの生き方を道標として生きることは、あなた自身を肯定し生きることになるのです。心理学的にもメンターの存在には5つの効果があると言われています。

（1）現在の自分を判断する力
（2）生産的に生きる力
（3）強みと弱みをはっきりさせる力
（4）ほかの人の意見を受け入れる力
（5）自己内省（1人PDCA会議）の習慣化

これらはすべて自己肯定感が高まる効果でもあります。

いまやるべきことの優先順位が明らかになる

あなたの人生にメンターをもちましょう。「ポジティブ・メンターリスト」を使えば、あなたの人生でいま何をすべきか？　いまやるべき行動や課題のプライオリティー（優先順位）がわかります。

プライオリティーが決まれば、未来に向かううえで、自分がやるべきことを先延ばしにすることなく行うことができます。また、妨げとなっているものは後回しにすることができます。そうすると、とても充実した時間を過ごせるようになるのです。

日々の充実感の積み重ねは、あなたの自己肯定感をさらに底上げし、生きるエネルギーを高めてくれます。「ポジティブ・メンターリスト」は、本当に大切なことに目を向け、そこに集中し行動することが習慣化してしまう、魔法のようなリストなのです。

「ポジティブ・メンター・リスト」の3つのポイント

1. メンターの１人目は憧れで選ぶこと

まず１人目はあなたの憧れ、理想のライフスタイルを具現化している人を選びます。なりたい自分になる最短の方法をその人が教えてくれるでしょう。

2. メンターの２人目は同じ悩みを乗り越えた人で選ぶこと

２人目はあなたが解決したいことをすでに乗り越え成し遂げている人を選びます。その人の解消法を参考にするだけで、理想の生活を手に入れる最短の方法を見つけ出せます。

3. できれば毎日目を通すこと

メンターの生き方を参考にして毎日を過ごす、それだけで、なりたい自分のゴールが明確になり、１日を有意義に過ごせます。また現在地を知ることができ、今日のスモールステップアクションがわかり、ポジティブに人生を過ごすことができます。

ポジティブ・メンターリスト
憧れの人物の力を借りて理想に近づく

自己信頼感ワーク（8ヵ月目）

人生のモデルとなる2人のメンターの生き方を参考にして、
充実した毎日を送れるようになるワークです。

1人目:憧れの人

STEP1. 左ページの枠内に、あなたの憧れの人、理想のライフスタイルを具現化している人の名前を記入します。身近な先輩でも、著名人でもOKです。次に、左ページの大きなスペースに、この1人目のメンターの写真や切り抜き、どうすればこの人のようになれるか、具体的な方法やイメージなどを自由に書きます。

STEP2. 右ページの枠内に、あなたが解決したいと思っていることをすでに乗り越え成し遂げている人の名前を記入します。そして、STEP1と同様に具体策やビジュアルイメージでスペースを埋めます。

2人目:

同じ悩みを乗り越えた人

タイムマネジメント
人生でいちばん大切なことは何？

緊急なこと、重要なことを振り分けるツール

「タイムマネジメント」のワークは、これからとり組むことを「緊急か」「緊急ではないか」「重要か」「重要ではないか」で仕分けていく手法です。本書以外に用意するものはペンと付箋。付箋にこれからとり組むこと、やらなくてはいけないこと、やりたいことなどを書き出していきます。

そして付箋に書き出したことを、290ページの４つの枠に振り分けていきましょう。すると、「緊急」で「重要」な事柄とそうでないことが、わかりやすく見える化され、物事を決めやすくしてくれるのです。あなたの判断力・決断力も飛躍的に身につきます。

自分の人生にとって大切なことを見つける

タイムマネジメントは仕事のタスクの優先順位を決めるのにも役立ちますが、人生の長いスパンでの決断にも役立ちます。

たとえば、転職をしたいと考え始めたとき、この場合、「緊急」で「重要」な事柄に当てはまるのは、「転職サイトに登録する」、「エージェントと会ってみる」、「希望する転職先の業界にいる知人に話を聞く」といったことが、「緊急」で「重要」な事柄になるでしょう。

つまり、タイムマネジメントを使うと、やるべきことがシンプルになり、決めやすくなるのです。この決めやすくなること自体が、あなたの自己決定感を回復させ、自己肯定感を高めていくのです。

毎日のタイムマネジメントの活用法

日常的に「タイムマネジメント」を使う場合は、１日の始まりである朝の時間帯に活用することをおすすめします。起床してから２、３時間は脳のゴールデンタイムと呼ばれ、１日のなかでもっとも高い集中力を発揮できる時間帯だからです。

その時間帯に「その日やること」を区分けし、頭が冴えている状態で「緊急」かつ「重要」なことを処理していくことで、自分自身をうまくマネジメントしている感覚が得られます。誰かに何かやらされているのではなく、自ら決め実行する経験を積むことができるのです。

時間を管理することは人生を管理すること

時間管理をすることは、人生の質を高めることにつながります。「タイムマネジメント」は、自分の人生を犠牲にすることなく、自分らしさを活かしながら、人生の質を高めるためのマネジメントワークです。

仕事、人間関係、恋愛・結婚、子育て、すべてにおいて活用できます。このマトリクスで見える化できたら、なりたい自分になるための優先順位がわかります。そのためのアクションも明確になるのです。

「タイムマネジメント」の３つのポイント

1. 朝起きてから２～３時間以内に書くこと

１日のうちでもっとも高い集中力を発揮できる時間帯に、やるべきことを区分けしましょう。

2. 付箋に書き出してから振り分けること

付箋に書けば、項目が多くなってしまった場合も、貼ったり剝がしたりでき配置しやすいという利点があります。

3. 自分の時間、自分の人生のために行うこと

その日１日のタスクはもちろん、自分の人生をマネジメントするためにも、自分が犠牲にならず少しでも楽しく過ごすためには何を優先すればいいのかという視点で振り分けてみましょう。

タイムマネジメント
人生でいちばん大切なことは何？

自己決定感ワーク（9ヵ月目）

「緊急」で「重要」な事柄とそうでないことをわかりやすく見える化させ、
物事を決めやすくするワークです。

	緊急	緊急ではない
重要	すぐやる	あとで必ずやる
重要ではない	時間があればやり、なければ人に任せる	やらなくていい

STEP1. 付箋にこれからとり組むこと、やらなくてはいけないこと、やりたいことなどをランダムに書き出し、右ページにペタペタと貼りつけます。

STEP2. STEP1の付箋を、左ページの「緊急」「緊急ではない」「重要」「重要ではない」の4つの枠に振り分けます。そして、緊急で重要なことから着手します。

付箋ページ

解決ノート

自分だけではどうにもできない問題を解決に導く

やってもらうことを振り分ければ、自分がすべきことが見えてくる

「解決ノート」は、解決したいことに対して周囲にいる人たちからどういう助けが得られるかを明確にしていくワークです。

一見、まわりの人たちに決定権を託すやり方のように見えますが、誰に何ができて、何ができないかがはっきりすることで、自分で決めなくてはならないポイントが浮かび上がり、決断の手助けとなります。

まず、あなたがいま、困っていること、解決したいと思っていることをノートに箇条書きにしていきましょう。そして、そのなかでもっとも解決したいことを選び、「解決ノート」の中央に書き込みます。

そのまわりの枠には、あなたを手助けしてくれそうな人や場所を書きます。家族、パートナー、専門家、友人、職場や学校の人たち、役所や病院などの公的機関などです。そして、解決したいことに対して、それぞれの枠の人たちが「何をしてくれるか」を書き込みます。

こんなふうに書き込んでいくことで、周囲にいる人たちがあなたを助けてくれる部分が見えてきます。おそらく、解決できることもあれば、解決できないこともあるでしょう。この部分はこの人に頼っていい。でも、この部分は自分で向き合わないと進まない……。

それが整理されるだけでも、すっきりして「解決したいこと」の根本にあるつらさや悲しみ、悩みは軽減されていきます。

なぜなら、解決のための道筋がわかってくるからです。どんなに打ちひしがれた精神状態でも、問題を整理整頓することで気持ちの切り替えができるようになるのです。

自分で決めれば、失敗してもやる気が続く

私たちは自分で決めたことには、高いモチベーションをもってと

り組むことができます。心理学の世界でモチベーションという言葉は、「動機づけ」とも言われます。

動機づけには大きく分けて「内発的動機づけ」と「外発的動機づけ」の２種類があります。「内発的動機づけ」は本人が「楽しいからする」「興味があるから調べる」と、自ら主体的に活動する状態。一方、「外発的動機づけ」は「親にやれと言われたから」など、目的を達成するために渋々やっている状態です。

人生を楽しむためには、「内発的動機づけ」が欠かせません。なぜなら、ワクワクと物事にとり組むためには、「私が決めた！」「楽しいからやる！」という感覚が必要になるからです。

「解決ノート」で状況を整理整頓することで、あなたのなかに「内発的な動機づけ」が生まれます。自分で選んで行動したという自己決定感を回復させてくれます。すると、失敗してもやる気を失わず、次の糧にしようとする心の働きが生まれて、すべてがポジティブへと好転するのです。

「解決ノート」の３つのポイント

1. 深刻な問題になる前に行うこと

自分で解決しなければ、他人に助けてもらうなんてダメ……などと思わず、気軽な気持ちで解決方法を振り分けてみてください。

2. できるだけいろんな人に助けてもらうことを考えること

できるだけたくさんの人・場所を想起することで、解決方法がたくさんあることを認識できます。たとえ今回は助けてもらわなくても、いつか解決してくれる存在になるかもしれません。

3. 解決したら何をしたいか書くこと

楽しいイメージを書き留めると、深刻になりすぎずに行動に移せます。

解決ノート
誰かの力を借りて問題を解決する

自己決定感ワーク（10ヵ月目）

解決したいことに対して周囲にいる人たちからどういう助けが得られるかを
明確にしていくワークです。

①	②

③	〈解決したいこと〉	④

⑤	⑥

STEP1. 左ページの枠の中央に、あなたがいまいちばん「解決したいこと」を記入します。

STEP2. 次に、右ページの下欄に「解決したらしたいこと」を書きます。できるだけワクワクする未来を書きましょう。

STEP3. 上下左右の6つの枠に、手助けしてくれそうな人たちを書き入れます。家族（親・パートナー・子どもなど）、専門家（病院・役所・心理カウンセラーなど）、友人、職場・学校（上司・先生など）といった具合です。必ずしも6つを埋める必要はありません。

Memo

〈解決したらしたいこと〉

バケットリスト
もし5年後あなたが死ぬとしたら何をしたい？

死から逆算して考えれば、いまを充実せざるを得ない

「バケットリスト」は、死ぬまでにしたいことをリストにして書き留めるノートです。リストを書き出す時間が、過去を正しく振り返り、いまを確認し、これからの未来に向かう具体的な指針を導いてくれます。

「もし5年後に死ぬとしたら後悔しないために何をしたいですか？」

脳は質問したことには、きちんと答えを探してくれます。そして、そうなるように動いてくれます。「バケットリスト」ノートは、あなたが最高の人生を見つけるための夢と希望のノートです。

「バケットリスト」は、ジャンルを分けてリストをつくるのも効果的です。仕事（どんなジャンルでどのようなキャリアをもちたいか）、ライフスタイル（どんな生活をしたいか）など、ジャンル別に「バケットリスト」を書き出せば、より具体的な行動を起こせる最強のポジティブノートになります。

スティーブ・ジョブズが一生、自分に問いかけたこと

スティーブ・ジョブズが、スタンフォード大学の卒業祝賀スピーチで話した名言の1つに、次のようなフレーズがあります。

「もし今日が人生最後の日だとしたら、いまやろうとしていることは本当に自分のやりたいことだろうか？」

ジョブズは17歳のときから毎朝鏡を見て、鏡のなかの自分にこのフレーズを問いかけ続けたのだそうです。ジョブズは、その答えが「NO」である日が続くと、何かを変える必要があると考えたといいます。

誰もが死に向かっているという事実は明らかなことです。

人は、何かを選択し行動しようとするたびに、「何かを失うかもしれない」という失敗や不安に陥り、動けなくなります。とくに自己肯定感が低くなっているときはなおさら動けなくなります。

しかし、「今日が最後の日かもしれない」と問いかけ生きることで、本来の自分をとり戻せます。「誰かからの期待」に応えるために生きるわけでもないと気づけます。地位や権力というプライドへの執着から逃れ、自分自身が本当にやりたい何かに集中することができます。あなたを妨げるものがすべて消え去り、信念や真実に基づいて行動ができて、最高の人生を見つけ、毎日をポジティブに生きることができるのです。

「バケットリスト」が想定するのは５年後の死ですが、ジョブズの生き方は大いに参考になるでしょう。

「バケットリスト」はいままでの人生を上書きし、バージョンアップした本当のあなたで生きるノートです。「バケットリスト」に書かれたことを、楽しみながら、挑戦し、行動していきましょう。

「バケットリスト」の３つのポイント

1. やりたいことを書き出す

まずワクワクしながら自由に「やりたいこと」を書き出してみてください。大胆な大きな目標でもいいのです。いくつ書いてもOKです。書き出したら、確認しましょう。たくさん出すとある属性があるかもしれません。あなたの大切なことは何か、メタ認知（客観視）しましょう。

2. これをしなかったら絶対に後悔するベスト５を選ぶ

書き出したなかから５つ選び、これをやらなかったら、もしくは挑戦しなかったら、絶対に後悔するという順番にランキングします。

3. 感じたこと、気づいたこと、注意したいことを書く

書いてみて、気づいたこと、感じたこと、これからの生き方に生かしていきたい、注意しておきたいと思うことを書いておきましょう。

バケットリスト
もしあなたが5年後死ぬとしたら？

自己有用感ワーク（11ヵ月目）

死ぬまでにしたいことをリストにして書き留めることで、
過去を正しく振り返り、いまを確認し、これからの未来に向かう
具体的な指針を導くワークです。

①もしあなたが5年後に死んでしまうとしたら、「これだけはしておきたい!」と思うことは何ですか？　思いつくままに書き出してみましょう。

STEP1. 左ページの①のスペースに、もしあなたが5年後に死んでしまうとしたら、「これだけはしておきたい!」と思うことを思いつくままに書き出しましょう。どんなことでも大丈夫です。

STEP2. 書き出したなかから5つだけ選び、「これをしなければ絶対に後悔する」と思う順番にランキングをつけましょう。

STEP3. 書いたものを眺め「気づいたこと、感じたこと」「これからの人生に生かしたいこと、注意しておきたいこと」を記しておきましょう。

---

②書き出したなかから5つだけ選び、「これをしなければ絶対に後悔する」と思う順番にランキングをつけましょう。

順位	ランキング	その理由
1位		
2位		
3位		
4位		
5位		

③書いたものを眺め「気づいたこと、感じたこと」「これからの人生に生かしたいこと、注意しておきたいこと」を記しておきましょう。

グレイトフルメッセージ
感謝すれば100%運命が変わる

あなたが「ありがとう」を伝えたい人は誰?

「グレイトフルメッセージ」は、いままでの人生のなかで、あなたがいまもっとも感謝を伝えたい人に、実際に手紙を書くように感謝の気持ちを書き出すワークです。

「ありがとう」。このたった5文字を大切な人から言われたとき、うれしくなったり、感激した経験は必ず一度はあるはずです。そういうあなただからこそ、感謝の言葉を書いて表明していくことが大切です。

科学的に判明した「感謝」の3つの効果

感謝には、心理学や脳科学的に数多のメリットが確認されています。

(1) 幸福感が上がる

「ポジティブ心理学の祖」といわれる心理学者マーティン・セリグマン氏が行った「感謝の手紙」という有名な実験があります。うつ病患者の被験者に、以前に親切にしてくれたが感謝を返せなかった人に手紙を書いてもらい、実際にその人の元へ赴いて感謝の手紙を読んでもらった結果、抑うつ状態が減るという状態が1ヵ月も続いたのです。

(2) 睡眠の質が上がる

カナダのマキュアン大学心理学教授のナンシー・ディグドン氏らの調査によると、不眠症の症状をもつ人たちに、毎晩15分間、感謝の気持ちを書いた日記をつけてもらったところ、わずか1週間で不眠症の症状が解消され、睡眠の質も向上したそうです。日記をつけることで、就寝前の不安や考えごとといった不眠の要素がとり除かれ、入眠までの時間が早くなったのだとか。

（3）セルフコントロールができる

ノースイースタン大学が中心となって行った研究によると、感謝の気持ちは自制心を高める効果があるということです。

研究では、75人の参加者を3つのグループに分け、「幸せ」「感謝」「ニュートラル」の3つの感情のうちどれか1つを割り当て、割り当てられた感情を思い起こさせるエピソードを紙に書いてもらいました。その後、「いますぐ少額のお金をもらう」「あとで大金をもらう」のどちらかを選択してもらうと、多くが前者を選ぶなか「感謝」のエピソードを記した参加者は、明らかに後者を選択をする傾向が見られたのです。

感謝の気持ちをもつと、衝動的な欲求に負けず、短期的なことよりも長期的なことに目を向けられるようになることがわかります。

このように、感謝は偉大な力をもっています。あなたの感謝の日記が人生の豊かさと繋がり、自己肯定感が高まり、あなただけの幸せのダイアリーとなります。ダイアリーに書いて自己肯定感と幸福感が習慣化されれば、思考や行動が変わります。運命は100%習慣で変わるのです。

「グレイトフルメッセージ」の3つのポイント

1. 無理して書かない

感じたとき感じたままの感謝の表明を書きます。対象は人間以外でも、動物でも植物でもなんでもOKです。

2. いつ書くか曜日を決めて書く

水曜日の夜書くとか、日曜日の夜書くなど、メリハリをつけられる日時や落ち着く時間に意識して書いてみましょう。

3. 感謝の色分けをして楽しむ

黒：過去にお世話になった人や家族やパートナーなどの近しい人
赤：現在助けてもらっている人や仕事や学校の人間関係
青：未来の自分や自然、動物、植物、趣味などの人間以外など。

グレイトフルメッセージ
感謝すれば100%運命が変わる

自己有用感ワーク（12ヵ月目）

いままでの人生のなかで、あなたがいまもっとも感謝を伝えたい人に、
実際に手紙を書くように感謝の気持ちを書き出すワークです。

Dear

From

いままでの人生のなかであなたが感謝を伝えたい人は誰ですか？　（例）を参考に、実際に手紙を出すつもりで、感謝の気持ちを書き出しましょう。なかなか書きだせないという人は、メモ欄を使って考えをまとめてみましょう。

（例）

Dear　K社長
あなたのおかげで私は35年のという心のブロックや壁を突破することができました。
あなたの叱咤激励がなかったらこの世に確実にいなかった。
人を本当に思う気持ちを体感として教えてくれたのです。本当のやさしさ、本物の強さを。
まだまだ恩返しできていませんね!　もっともっと世界中の多くの人に伝えるために、行動だけでなく結果にします。
天国から!　まだまだ、檄を飛ばし続けてください!

From　中島 輝

Memo

memo

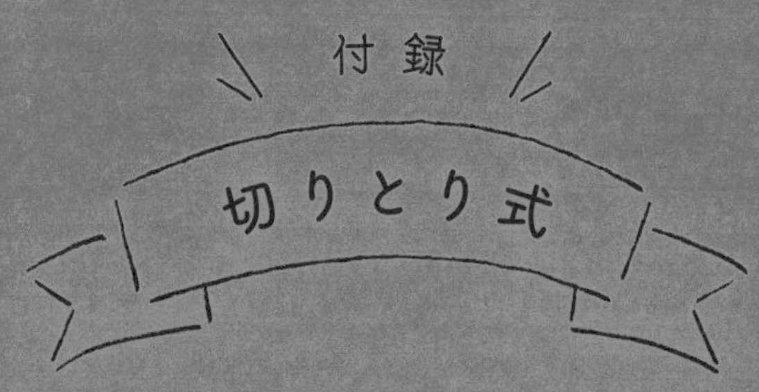

自己肯定感が高まる ラッキワード & セルフケア

自己肯定感を安定させるために

「マンスリーページ」に記載した「今月のラッキーワード」と
「今月のセルフケア」の解説ページです。
切りとり式なので、ぜひ切りとり線で切りとり、
手帳に挟んだり、壁に貼るなどして活用してください。
裏面にはなぜ自己肯定感が高まるのかの理由も記載しました。
理由もセットにして眺めれば、さらに自己肯定感が高まります。

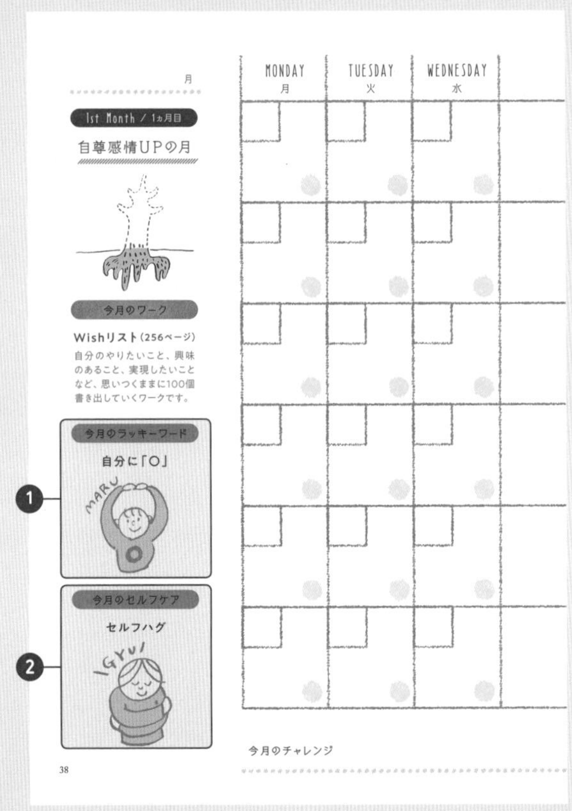

1 ラッキーワード
ラッキーワードを口ぐせにすれば、潜在意識から自己肯定感が高まります。

2 セルフケア
自己肯定感が下がってしまったら、ぜひセルフケアで自分をケアしてあげましょう。

自尊感情UPの月

1ヵ月目	2ヵ月目
ラッキーワード	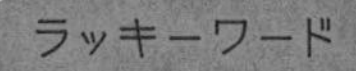 ラッキーワード
自分に「○」	自分に「グッジョブ!」

セルフケア	セルフケア
セルフハグ	洗面台をキレイにする

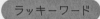

自尊感情UPの月

1ヵ月目

ラッキーワード

自分に「○」

自己肯定感の講座でよく、「自分に○をつける」と言ったときと、「自分に×をつける」と言ったときの違いを知る実験をしています。「○をつける」と言ったときは、押してもビクとも動かないのに、「×をつける」と言ったときは、押されたら簡単に動いてしまう。これを体験するとみなさん驚かれるのですが、それほど、自分に○をつけることは大切なのです。

セルフケア

セルフハグ

幸福ホルモンは、自分で刺激することでつくり出すことができます。その方法の1つがセルフハグ。深呼吸と同じ8秒間のセルフハグで心が落ち着き、幸福ホルモンのオキシトシンも分泌され、副交感神経が働いて人にも自分にも優しくなれます。イライラしたときや不安なときはぜひ、自分を抱きしめてあげましょう。

2ヵ月目

ラッキーワード

自分に「グッジョブ!」

脳は自分が言った言葉と誰かが言った言葉を区別できないという性質があります。ネガティブな言葉を使うことは、つねに自分にネガティブなことを言い続けているようなもの。だから、日ごろからポジティブな言葉を使って自分をねぎらい、褒めてあげましょう。ポジティブな言葉が癖づけば、誰かを元気づけ勇気づける存在にもなれるのです。

セルフケア

洗面台をキレイにする

自己肯定感が下がっていると部屋の掃除ができなかったりします。そんなときはぜひ、洗面台をキレイにしてみてください。いつも使う洗面台なら、きれいになったのが目で見てわかり、自尊感情が高まります。ピカピカの洗面台は、鏡に映る自分を輝かせるレフ版のような効果も。今日はいい顔してるなと思えば、1日をワクワクして過ごせます。

自己受容感UPの月

3ヵ月目	4ヵ月目
ラッキーワード	ラッキーワード
「大丈夫。大丈夫」	「オールOK!」

3ヵ月目	4ヵ月目
セルフケア	セルフケア
目を隠して「10秒瞑想」	お風呂で瞑想タイム

自己受容感UPの月

3ヵ月目

ラッキーワード

「大丈夫。大丈夫」

ポジティブな肯定語は、効果的なアファメーションになります。アファメーションは潜在意識へと働きかける脳科学のテクニック。「大丈夫、うまくいく!」「大丈夫、今日もいい感じ!」など、どんどんポジティブな言葉を自分にかけてあげてください。「大丈夫」という言葉は、とても言いやすいながらも自己肯定感をサッとあげてくれる魔法の言葉です。

セルフケア

目を隠して「10秒瞑想」

マインドフルネスなどさまざまな効果が実証されている瞑想は、たった10秒でもできるのです。やり方は簡単。まず眉を指で抑えて心拍数を下げるツボを押し、手のひらで目を隠します。首と腰を曲げて顔を少し下に向けると、首にある延髄と腰にある仙骨を刺激し、リラックスを司る副交感神経が優位になります。穏やかな気持ちになりますよ。

4ヵ月目

ラッキーワード

「オールOK!」

「なんで自分はこんなこともできないんだろ」「やっておけばよかった……」など、私たちは気づけばいつも自分を心のなかで責めています。そんな自分も「オールOK!」ですべて受け入れてしまいましょう。誰かを責めてしまいそうなときも、悪いことが起きそうなときも、「オールOK!」。不思議となんでも解決できそうな気分になれますよ。

セルフケア

お風呂で瞑想タイム

科学的に証明されている瞑想の効果をぞんぶんにとり入れましょう。お風呂のなかで瞑想をするのです。照明を暗くしたり、キャンドルをつけたり、ラベンダーなどのアロマをとり入れるとさらに効果が高まります。心に浮かんだあれこれも「そっか～」と受け流し、穏やかな気分に浸りましょう。ぐっすり眠ることができ、次の日爽やかな朝を迎えられるでしょう。

自己効力感UPの月

5ヵ月目

ラッキーワード

「ヤッター!」

セルフケア

ジャンプをする

6ヵ月目

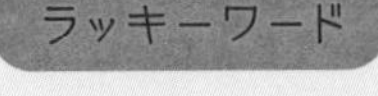

「サクッとやろう!」

セルフケア

すぐ動く

自己効力感UPの月

5ヵ月目

ラッキーワード

ヤッター!

両手を上に突き上げ、伸びをする「ヤッター!」のポーズ。このポーズには脳科学的にポジティブになる効果があるのです。胸を張ることでやる気のホルモンであるテストステロンが増え、モチベーションがアップします。そしてポジティブな「ヤッター!」という言葉がいいアファメーションになるのです。

セルフケア

ジャンプをする

脳は意識してから行動をとるのではなく、行動をとったら意識するといいます。うれしいから笑顔になるのではなく、笑顔になるからうれしいと感じるのです。ジャンプはうれしいときにするもの。ジャンプをしたら、脳は「ジャンプするほどうれしいんだな」と思ってくれます。また、体を動かすことは単純に気持ちいいですから、ぜひ試してみてください。

6ヵ月目

ラッキーワード

「サクッとやろう!」

何事も動き出しがいちばん億劫なもの。なかなか動きだせない、そんなときに効果的なアファメーションです。とりあえずとりかかってみればこっちのもの。意外とできたりするものです。やるべきことをサクッと終わらせて、時間を自分のために使いましょう。その余裕がさらなるモチベーションを高めてくれます。

セルフケア

すぐ動く

すぐ動くことができないという人も多いでしょう。大丈夫。少しずつすぐ動く習慣をつけていけばいいのです。頭のなかでぐるぐるモヤモヤしていたことも、体が動けば思考の状態も変わるのです。動いたら気持ちが晴れた、動いたら悩みが小さくなった、そんなポジティブな変化の経験を重ねましょう。そのうちすぐ動く習慣が身についていくことでしょう。

自己信頼感UPの月

7ヵ月目

ラッキーワード

「もう、や～めた!」

セルフケア

パン!と手を叩く

8ヵ月目

ラッキーワード

「できる、できる」

セルフケア

スマホに触れない時間をつくる

自己信頼感UPの月

7ヵ月目

ラッキーワード

「もう、や～めた!」

これは講座の受講生のみなさんによく使ってもらう効果的なテクニックです。悩みや不安で頭のなかがいっぱいになったとき、もう悩むのも不安になるのも、やめたと言葉で脳に伝えるのです。すると、脳は区切りがついたものと判断します。たとえ悩みや不安が消えていなくても、脳が勝手にやめる方向に進んでくれるのです。

セルフケア

パン!と手を叩く

人は区切りがつかないとダラダラと続けてしまうもの。過去の悔しい思いや未来への不安、妄想が頭のなかに充満し、なかなか抜けない。そんなとき「パン!」と手を叩いてみてください。脳が区切りがついたものと判断してくれて、一気に「いま、ここ」に戻ることができ、思考を切り替えることができます。

8ヵ月目

ラッキーワード

「できる、できる」

単純なワードながら、アファメーション効果の高い言葉としておすすめしている言葉の1つです。テンポのいいフレーズなので、口に出して言いやすいでしょう。自分だけでなく、まわりの人にも合言葉のように伝えてあげてください。みんなのモチベーションが上がり、いい循環が生まれます。

セルフケア

スマホに触れない時間をつくる

あなたもスマホを近くに置いていないと落ち着かないなんてことはないでしょうか。もちろんスマホにもいい面がたくさんありますが、夜遅くまでSNSや動画を見ていたら、心にも目にもよくありません。SNSで他人の動向をみることは、自己肯定感を上下させます。意識してスマホに触れない時間をつくり、自分の時間をゆっくりもちましょう。

自己決定感UPの月

9ヵ月目

ラッキーワード

「ま、いっか」

セルフケア

胸を張る

10ヵ月目

ラッキーワード

「私はコレがいい！」

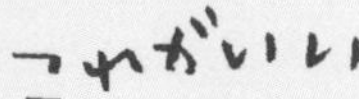

セルフケア

自分がときめくものに囲まれる

自己決定感UPの月

10ヵ月目

ラッキーワード

「私はコレがいい!」

自己肯定感が下がると、朝着ていく服を決められなかったり、メニューを決められなかったりします。じつは自分で決めることが、幸福度を左右するとも言われています。自分は何がいいのか、どうしたいのか、つねに意識して自分の軸をもちましょう。まわりの意見に左右されて傷つくのは自分です。「私はコレがいい!」言ってみるだけでも世界が変わりますよ。

セルフケア

自分がときめくものに囲まれる

子どものころはみな好きなものがはっきりしていてそれに囲まれるのが幸せだったはず。でも、大人になったら……。大人だからといって、諦める必要なんてありません。自分は何に囲まれたら楽しいのかよく考えてみましょう。心がときめくものを見ただけで、自己肯定感は上がるもの。自分のまわりにそんなアイテムを用意しましょう。

9ヵ月目

ラッキーワード

ま、いっか

これも講座の受講生のみなさんによく使ってもらうテクニックです。何か悩みがあっても、自分に自信がなくても、完璧を目指したくなっても、「ま、いっか」。どんなことでもつらい気持ちで続ける必要はありません。「ま、いっか」の言葉で、脳がいったんリセットしてくれて、心の余裕をつくってくれます。

セルフケア

胸を張る

コロンビア大学の研究で、胸を張った姿勢をとるとやる気のホルモンであるテストステロンが高くなり、逆にストレスホルモンであるコルチゾールは減少するということが確認されました。胸を張ると、ストレスが緩和され、モチベーションが上がるのです。さらにまわりからも自信があるポジティブなイメージに映ります。仕事中にもぜひおすすめです。

自己有用感UPの月

11ヵ月目

ラッキーワード

「ありがとう!」

セルフケア

自分から歩みよる

12ヵ月目

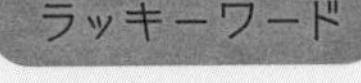

「ギブ&ギブ!」

セルフケア

花を飾る／植物を育てる

自己有用感UPの月

12ヵ月目

ラッキーワード

「ギブ&ギブ!」

ギブ&テイクという言葉をよく聞きますが、与えたぶんだけ与えられると考えたら、人は見返りを求めてしまうものです。見返りを求めることは、自己肯定感を低めます。見返りどおりにならなかったとき、それはどん底にまで下がるでしょう。だから日ごろから「ギブ&ギブ!」を合言葉にしましょう。与えることに喜びを感じられるようになったら最強です。

セルフケア

花を飾る/植物を育てる

花はそこにあるだけで、快い気持ちにさせてくれます。花の可憐さ、美しさがあなたの自己肯定感を高めてくれるのです。とくにおすすめなのが、鏡の前に飾ること。自分の顔を鏡で見るとき花があると、より肯定的に自分をとらえることができます。また、植物を育てるのもおすすめです。植物を育てることは、自己肯定感を育てることにもつながるのです。

11ヵ月目

ラッキーワード

「ありがとう!」

じつはさまざまな研究において、感謝することが幸福感を高めることが実証されています。世界の偉人たちも感謝の効能を述べています。感謝は習慣です。「ありがとう!」の言葉を口ぐせにしましょう。自分の幸福度が高まるだけでなく、まわりさえも幸福にしてくれます。そんなあなたをまわりはもっと好きになるでしょう。

セルフケア

自分から歩みよる

苦手な人、苦手なもの、そんなところにはなるべく近づきたくないと思ってしまうもの。けれどもそれが自分の目標を妨げているのなら、現状を変えたいなら、自分から歩みよってみましょう。歩みよってみれば、意外といい人だったということも多いもの。遠ざければ遠ざけるほど、被害は大きくなります。動くのは相手ではなく自分と心得ましょう。

memo

中島 輝 なかしま・てる

自己肯定感の第一人者/心理カウンセラー/自己肯定感アカデミー代表/トリエ代表。5歳で里親の夜逃げという喪失体験をし、9歳ごろから、HSP、双極性障害、パニック障害、統合失調症、強迫性障害、不安神経症、潰瘍性大腸炎、斜視、過呼吸、認知症、円形脱毛症に苦しむ。25歳で背負った巨額の借金がきっかけでパニック障害と過呼吸発作が悪化。10年間実家に引きこもりつつ、代表取締役としてグループ会社を運営。自殺未遂を繰り返すような困難な精神状況のなか、独学で学んだセラピー・カウンセリング・コーチングを実践し続ける。10年後、「恩師の死」がきっかけとなり35歳で克服。その後、30年間の人体実験と独学で習得した技法を用いたカウンセリングとコーチングを24時間365日10年間実践。自殺未遂の現場にも立ち会うような重度の方、Jリーガー、上場企業の経営者など15,000名を超えるクライアントにカウンセリングを行い、回復率95%、6ヵ月800人以上の予約待ちに。「奇跡の心理カウンセラー」と呼ばれメディア出演オファーも殺到。現在は自己肯定感を全ての人に伝え、自立した生き方を推奨する自己肯定感アカデミーを設立し、「自己肯定感カウンセラー講座」「自己肯定感ノート講座」「自己肯定感コーチング講座」「HSPカウンセラー講座」などを主催し、週末の講座は毎回満席。インスタグラムフォロワー7万人。ラインブログは文化人5位とSNSでも話題沸騰中。著書はこれまで、『自己肯定感の教科書』『書くだけで人生が変わる自己肯定感ノート』(SBクリエイティブ)、『1分自己肯定感』(マガジンハウス)などを発刊し、海外でも翻訳されている。

「中島輝オフィシャルサイト」

オフィシャルサイトは
QRコードからも
アクセスできます。

https://www.teru-nakashima.com

「自己肯定感アカデミー」
https://ac-jikokoutei.com

「趣味・資格・副業/取り柄を活かすなら torie」
https://toriestyle.com

自己肯定感diaryの書き方を動画で解説

詳しくは
QRコードから
アクセスしてください。

https://movie.sbcr.jp/jkkd/

自己肯定感diaryテンプレートダウンロード

本書のdiary書き込みページは
こちらの「サポート情報」から
ダウンロードできます。

https://isbn2.sbcr.jp/08248/

自己肯定感diary
運命を変える日記

2020年11月22日 初版第1刷発行
2021年1月18日 初版第2刷発行

著者	中島 輝
発行者	小川 淳
発行所	SBクリエイティブ株式会社 〒106-0032 東京都港区六本木2-4-5 電話:03-5549-1201(営業部)
装丁	坂川朱音
本文デザイン	坂川朱音+田中斐子(朱猫堂)
イラスト	ひやまちさと
DTP・図版	荒木香樹
校正	新田光敏
撮影	伊藤孝一(SBクリエイティブ)
コーディネーター	久保田知子(コミュニケーションデザイン)
編集	杉本かの子(SBクリエイティブ)
印刷・製本	株式会社シナノパブリッシングプレス

ISBN 978-4-8156-0824-8

本書をお読みになった
ご意見・ご感想を下記URL、
QRコードよりお寄せください。
https://isbn2.sbcr.jp/08248/